Verona Redwitz • Das Getreidesieb

AF202714

Verona Redwitz

Das Getreidesieb

Erinnerungen an eine Kindheit in Kroatien

FRIELING

Bibliografische Information der Deutschen Nationalbibliothek
Die Deutsche Nationalbibliothek verzeichnet diese Publikation in der
Deutschen Nationalbibliografie; detaillierte bibliografische Daten sind
im Internet über http://dnb.d-nb.de abrufbar.
© Frieling-Verlag Berlin • Eine Marke der Frieling & Huffmann GmbH
& Co. KG
Rheinstraße 46, 12161 Berlin
Telefon: 0 30 / 76 69 99-0
www.frieling.de

ISBN 978-3-8280-3165-4
1. Auflage 2013
2. Auflage 2015
Umschlaggestaltung: Verona und Rebekka Redwitz
Bildnachweis: Archiv der Autorin
Sämtliche Rechte vorbehalten
Printed in Germany

Inhalt

Juni 2013

Ich widme dieses Buch meiner Schwester, die 1947 geboren und aufgrund eines unfassbaren Ereignisses nur zehn Jahre alt wurde. Ihre Seele schlich sich in die meine und gab mir Mut und Kraft niederzuschreiben, was damals geschehen ist. Sogar heute noch ist meine Erinnerung an sie ganz hell und deutlich, und sie hat einen

Platz in meinem Herzen. Auch meinem einzigen Bruder, Anton, der bereits bei meiner Schwester weilt, sei dieses Buch gewidmet!

Danken möchte ich vor allem meiner Familie, die mich – jeder auf seine eigene Weise und nach seinen Möglichkeiten – bei der Realisierung dieses Buches unterstützt hat. Für das Alles und für ihre Liebe sage ich:
Vergelt's Gott!

Die Geburt

In einem Tal zwischen Bergen und Hügeln, Wäldern und Wiesen, Obstgärten und Äckern stand ein Haus, das 1881 von meinem Großvater gebaut wurde. In einer wunderschönen Gegend, die auch genauso hart und erbarmungslos war. Es ist das Jahr 1951, in dem eine 44-jährige Frau, die schon viel erlebt hatte und bereits Mutter von fünf Kindern gewesen war, wiederum schwanger war. Das ganze Frühjahr versuchte sie das neue Leben zu zerstören und sie kämpfte bis zum Schluss. Heutzutage freut man sich darüber, wenn ein weiteres Kind unterwegs ist und die Nachkommen sich vermehren – doch nicht meine Mutter. Sie war eine Frau, die rebellierte, die kein Kind wollte, weil es nicht ging, weil die Not zu groß war. Denn nach der Währungsreform nahm die Regierung den Bauern fast alles, was sie besaßen – sie waren verpflichtet, bestimmte Mengen an Getreide abzuliefern und eine hohe Grundsteuer zu zahlen.

Diese Bäuerin war am Ende ihrer Kräfte. Der zweite Krieg hatte vieles kaputt gemacht und das Land, in dem meine Familie lebte, war ausgeblutet. Mit wem hätte die Bäuerin reden können, wem sich anvertrauen? Wer hätte ihr helfen können? Niemand.

Der einzige Sohn befand sich als 20 Jahre junger Grenzsoldat am gefühlten Ende der Welt – an der Grenze zwischen Albanien und Mazedonien. Die 18-jährige Tochter war bereits verheiratet, die andere versprochen. Die übrigen zwei Kinder waren noch Kleinkinder und ein sechstes war unterwegs. Dieses ungewollte sechste Kind war ich.

Gleich als meine Mutter bemerkte, dass sie in anderen Umständen war, versuchte sie alles, um mich loszuwerden. Sie trug schwere Wassereimer vom Brunnen zum Haus oder trug den Holztrog für das Schweinefutter direkt an ihrem Bauch.

Und all dies mit der Hoffnung, von dieser Arbeit einen Abgang zu bekommen. Meine Mutter wusste, dass bereits die Geburt der beiden kleinsten Mädchen meinem Bruder nicht recht war, und genau in dem Jahr, in dem er als Soldat an der Grenze dienen musste, bekam sie ein weiteres. Sie schämte sich und hatte auch Angst.

Auch mein Vater war auf sich allein gestellt, 18 Monate ohne den Sohn, der ihm sonst immer bei der Arbeit geholfen hatte. Deswegen konnte er meine Mutter auch nicht beruhigen, denn er war das ganze Frühjahr auf dem Feld und im Stall beschäftigt.

Der Mai 1951 kam mit viel Regen und das Wetter spielte regelrecht verrückt. Die Flüsse und Becken gingen über und das Tal füllte sich mit Wasser – Anfang Juni erlebte die ganze Gegend eine kleine Katastrophe.

An einem Junivormittag kündigte ich mich an. Die hochschwangere Mutter legte Holz im Ziegelofen nach, hob einen großen Topf mit viel Wasser an, in der Hoffnung, es könnte noch etwas passieren. Sie suchte ein paar alte Tücher, die sie aus grobem Leinen gewebt und bereits bei allen anderen Kindern verwendet hatte. Sie trug Stroh ins Zimmer und legte einen selbst gewebten Fleckerlteppich darauf. Frauen bekamen die Kinder damals am Boden im Stroh, denn die Matratze im Bett war nichts anderes als ein mit Stroh gefüllter Sack, dessen Inhalt aber im Juni nicht ausgetauscht wurde. So konnte man nach der Geburt das am Lehmboden liegende Stroh wegwerfen und verschmutze nicht das Bett.

„Es ist so weit, geh und hol die Nachbarin Roska, die mir bei der Geburt beisteht", rief meine Mutter meinem Vater zu.

Ohne Worte holte er seine Stute aus dem Stall, sprang auf und sah die ganze Überschwemmung. Das Pferd lief, bis zum Bauch im Wasser, den einen Kilometer bis zum Bauernhof. Hundegebell kündigte einen Fremden an, da trat Roska an den Zaun und wusste gleich, was los war.

„Ja, Nachbar", sagte sie, „die Bäuerin ist so weit, ich ziehe mich um, dann komme ich durch den Wald, denn durch die Wiese komme ich bei dem vielen Wasser nicht."

Sie band sich ein frisches Kopftuch um, wechselte die Schürze, zog sich die Gummistiefel an und machte sich auf den Weg durch den Wald. Sie kam nach kurzer Zeit an und bereitete alles für die Geburt vor. Das Wasser dampfte auf dem Ofen und Roska goss es in eine Holzschüssel, die sie dann ins Schlafzimmer trug.

Diese Geburt war die schwerste für meine Mutter, denn sie hatte wenig gegessen und war daher auch sehr kraftlos. Unter großer Anstrengung und starken Schmerzen brachte sie mich am Abend beim Licht der Petroleumlampe zur Welt.

„Unmöglich", murmelte meine Mutter, „das Kind lebt und schreit trotz all meiner Bemühungen."

Roska badete mich in einer kleinen, notdürftig reparierten Holzschüssel, trocknete mich ab, wickelte mich in ein löchriges Tuch und umband mich wie ein Geschenk mit einer Schnur. Am Ende ähnelte ich der Form nach einer Zigarre. Diese Zigarre legte sie in ein Bett, machte Ordnung, lieh sich eine Laterne von meinen Eltern aus und ging wieder durch den stummen Wald nach Hause. Meine Mutter blieb allein mit ihrer Familie und schaute sich um – zwei kleine Kinder, ein Baby, ein Ehemann, der alte blinde Schwiegervater und eine unsagbare Knappheit im Haus.

Obwohl sie schon in den Vierzigern war, stand sie sofort nach der Geburt auf und kümmerte sich um ihre Aufgaben. Als alle schliefen, nahm sie das arme Bündel und trug es leise in die Abstellkammer. Dort legte sie es auf eine Holzbank, deckte es mit einem Getreidesieb ab und ging wieder in die Küche zurück.

„Ich versuche es nur noch vor den Katzen zu schützen, mehr kann ich nicht tun", dachte sie sich.

Mein Schicksal war besiegelt – die Frau, die mich unter großen Schmerzen auf die Welt gebracht hatte, konnte mich nicht ertragen. Warum? Sie hatte keine Geduld und keine Mutterliebe für mich übrig. Ich lag die ganze Nacht im Dunkeln und winselte vor mich hin, aber niemand half mir. Am nächsten Morgen ging mein Vater wie immer in den Stall – die Kinder zu versorgen war Frauensache, was die Mutter auch tat. Nur mich vergaß sie und ging ihren Hausarbeiten nach.

Ich lag auch noch am Nachmittag unter dem Sieb und wartete auf mein Ende. Mein alter Opa hatte sein Zimmerchen neben der Abstellkammer und hörte das leise Weinen, dem er nachging. Er machte die Tür auf und tastete sich langsam zu der Bank, auf der ich lag.

„Jesus, Maria und Josef", rief er, „da liegt ein neugeborenes Kind, das hat die Schwiegertochter wohl hier abgelegt. Was ist da los?"

Er ging zu meiner Mutter und stellte sie zur Rede. Sie gab es zu und erklärte ihm die schlechte Lage.

„Auf keinen Fall darfst du das tun, ein Kind sterben lassen ist eine sehr große Sünde."

Mutter holte mich in die Küche. Ich atmete kaum noch, meine kleinen Lippen waren schon ganz blau und ich zitterte. Mutter badete mich und wickelte mich in ein frisches Tuch. Ohne jegliche ärztliche Hilfe oder hygienische Bestimmungen gab sie mir die Brust, was nicht gut funktionierte. Sie musste Kuhmilch mit Brunnenwasser kochen und versuchte mich so durchzubringen.

Das Gewissen der Frau meldete sich und sie hatte Angst, ich könnte ungetauft sterben. Zwei Wochen nach meiner Geburt holte sie ein 17-jähriges Mädchen und ging mit ihr zehn Kilometer zur nächsten katholischen Kirche, um mich taufen zu lassen. Die beiden Frauen trugen mich in einem Korb den langen Weg zur Kirche, wo mich der Pope um sechs Uhr morgens heimlich in einer fünfminütigen Zeremonie in einem Nebenraum der Kirche taufte. Niemand durfte etwas erfahren, da mein Vater zu der Zeit der Kommunistischen Partei angehörte, die mit der Kirche nichts zu tun haben wollte. Für Kommunisten war es verboten, in die Kirche zu gehen, geschweige denn getauft zu werden. Meinen Namen suchte mein Vater aus: Als junger Mann hatte er in der Bibel von einer Frau gelesen, die Jesus das Schweißtuch reichte – im Kroatischen hieß sie Verona. So ließ mich meine Mutter auf diesen Namen taufen.

Viel Freude hatte sie nicht mit meinem Dasein – ich schrie Tag und Nacht, denn durch die Wickelart wurde ich ganz wund. Aber es gab kein Erbarmen, sie schnürte mich ganz fest bis zum Kopf ein und ließ mich so oft in der Abstellkammer liegen. Gott sei Dank kümmerte sich der alte Opa um mich und trug mich im Zimmer hin und her. Allein seine Stimme konnte mich schon beruhigen.

Mit drei Monaten, mitten im Sommer, war mein Zustand sehr schlecht und meine Mutter verlor die Geduld. Sie versuchte mich zu erwürgen, aber sie hörte die lauten Schritte der Holzschuhe des Großvaters und ließ von mir ab. In dem Moment erschrak sie und nahm sich vor, mich leben zu lassen und mir mehr Aufmerksamkeit zu schenken.

Mein erster Winter in der Wiege war wegen der Kälte mehr als grausam. Meine Mutter wärmte mich mit aufgeheizten Ziegelsteinen und deckte mich mit alten Mänteln zu. Mein Großvater litt mit mir, doch eine höhere Macht hielt noch eine Überraschung für ihn bereit.

Im Frühjahr 1952, nach zwölf Jahren Blindheit, kam es zu einer Wende. Der alte Mann war nie zum Doktor gegangen, er akzeptierte sein Schicksal, blind zu sein, und klagte niemals. Doch an einem Tag kam alles anders. Er spürte eine Spannung und Unruhe in seinem Körper, man erzählte, er betete den Rosenkranz und sah plötzlich, wie durch einen Nebel, seine eigenen Finger. Im ersten Moment dachte er, er hätte einen Traum oder sein letztes Stündlein hätte geschlagen. Er schaute genauer und sah seine Füße und das ihn umgebende Zimmer. Er sah sich um, ging langsam in die Küche und der erste Familienangehörige, den er entdeckte, war das arme Kind in der Wiege, das schlief. Später erzählte mein Vater, dass es wirklich so gewesen sei, und das hat mir Kraft zum Leben gegeben. Mein Großvater, der so lange nicht sehen konnte, erblickte als Erstes mich – das Kind, das nicht leben sollte, seine letzte Enkeltochter. Das war der schönste Tag in seinem Leben. Er mochte mich sehr, nahm mich oft mit in sein Zimmer und sang mir etwas vor. Die ganze Familie sah er mit großem Interesse, erlebte den ganzen Sommer in all seinen Farben und musste dann am Ende des Jahres doch plötzlich von uns gehen.

Kurz vor seinem Tod schrieb er seiner Tochter Kathi einen Brief. Kathi war 1912 in die USA ausgewandert. Sie antwortete ihm und schrieb ihm mit großen Buchstaben zurück.

Ich konnte in dem Sommer schon laufen und mich so von meinen Wickeltüchern befreien. Mutter nähte mir kleine Kleidchen aus grobem Leinenstoff und ich ging raus ins Freie, wo mein Glück mit der Natur begann.

Die Zeit meiner Kindheit

Mein Bruder diente in der Armee volle 18 Monate ohne Urlaub, denn die Situation war zur damaligen Zeit noch immer angespannt. So sah er mich nach seiner Rückkehr zum ersten Mal, zwischen Enten und Hühnern sitzend – noch ein Kind seiner Mutter, die für ihn schon eine alte Frau war. Er warf seinen Holzkoffer auf das Bett und machte der Mutter umgehend Vorwürfe.

„Schon wieder ein Kind! Sie sind eine alte Frau und sollten sich schämen. Wie sollen alle ernährt werden, wer soll dafür aufkommen?", schimpfte er laut.

Mein Bruder baute für uns drei Mädchen einen kleinen Tisch und eine Sitzbank, wo wir immer schweigend unser karges Essen zu uns nehmen mussten. Die Eltern sahen mit an, wie er uns behandelte, und taten ohne Worte und Widerstand alles, was er ihnen sagte. Schließlich war er schon über zwanzig und wollte Jungbauer werden.

Sehr oft kam es zum Streit zwischen Mutter und Sohn. In dieser explosiven Zeit verliebte sich der Jüngling in ein Mädchen aus dem Dorf und blieb bei ihr über Nacht. Das Mädchen war die einzige Tochter eines Bauern und sehr verwöhnt. Die Nachbarn wurden neugierig und redeten über die beiden jungen Menschen. Manche erzählten, dass sie meinen Bruder nicht heiraten, seine kleinen Geschwister nicht mit ernähren und die Eltern nicht bedienen wolle. So zerbrach diese junge Liebe und unser Bruder wurde noch strenger mit uns. Jeden Tag hatten wir Streit im Haus und meine älteren Schwestern mussten überall mithelfen. Nur ich mit meinen vier Jahren war zu klein und für keine Arbeit geeignet. Mein Bruder schaute unserer Mutter genau auf die Finger, wenn und was sie uns zu essen gab, und seine Worte waren grob:

„Ja, ja … essen … und nur essen. Aber wenig bei der Arbeit helfen, das tut ihr drei."

Mein Vater litt sehr unter diesen Zuständen und sagte seinem Sohn, dass er Unrecht tue, aber mein Bruder hörte ihm nicht zu und wurde immer aggressiver. Meine Mutter wusste, dass ich das eine Kind zu viel war; sie wollte mich auch nicht haben, aber ich war eben da. Und oft gab sie mir auch die Schuld für so manchen Streit.

So kümmerte mein Vater sich um mich und ich folgte ihm wie sein Schatten. Barfuß lief ich hinter ihm her, als er das Feld pflügte, im Stall saß ich auf einem abgeschnittenen Baumstamm und schaute zu, als er seine zwei Stuten striegelte oder die Kühe mit Wasser versorgte. Er nahm mich bei der Hand und wir gingen, beide nach Stall riechend, ins Haus – es war ein wunderschöner Geruch. Mein Bruder bemerkte die Bemühungen unseres Vaters und wurde sogar eifersüchtig. Er machte meinem Vater damals indirekt Vorwürfe und erniedrigte ihn oft.

„Ja, der Kommunist, der Partisan! Was für ein Mann. Und dann der Fehler", brummte er.

In diesem Chaos fand mein Bruder ein anderes Mädchen, das 40 Kilometer entfernt lebte, und er hegte den Gedanken, sie zu heiraten. Damals war es Brauch, dass die Braut und ihr Bruder zum künftigen Bräutigam nach Hause kamen, um das Anwesen und den Besitz zu inspizieren. So kamen sie auch zu uns. An diesem Nachmittag war ich mit dem Vater zur Mühle gefahren, sodass sie nur meine beiden Schwestern antrafen. Von mir wurde kein Wort erwähnt – was für eine Überraschung!

Diese leicht rothaarige Frau mit den lustigen Sommersprossen heiratete meinen Bruder und es gab eine kleine Feier. Nach diesem Fest wohnte sie natürlich bei uns und sah, dass am Katzentisch nicht zwei, sondern plötzlich drei Mädchen saßen und aßen. Sie dachte, dass mich vielleicht jemand vergessen hatte, und so fragte sie ihren Mann: „Du, Ante, wann wird das kleine Mädchen abgeholt, das ständig dem Schwiegervater nachläuft?"

Er blickte sie überrascht an und erklärte, dass das Kind seine sechste und kleinste Schwester sei und auch eine Mitesserin. Ihre Enttäuschung war enorm. Ich stellte fest, dass ihre Augenbrauen sich zusammenzogen und ihr weißes Gesicht ganz rot wurde. Meine Existenz war für sie zu viel, aber ich konnte ihr nicht helfen. Wir drei Mädchen bekamen das schmale Zimmerchen des Großvaters und mussten in einem Bett schlafen. Mein Platz war genau am Ende des Bettes.

Eine Szene aus dieser Zeit habe ich noch völlig frisch und deutlich vor Augen, so als ob sie sich gestern erst zugetragen hätte: An einem Abend mischte die junge Frau Schweinefutter in einem Kübel, öffnete den alten grauen Kasten, nahm einen Tonkrug mit Milch und goss sie in den Schweinekübel. Ich stand daneben und sagte: „Schütten Sie nicht alles weg, ich möchte auch etwas trinken."

Sie beugte sich über mich, zog wieder mal ihre Augenbrauen zusammen, kippte die letzten Tropfen Milch aus dem Krug aus und sagte streng zu mir: „Es ist mehr wert, sie den Schweinen zu geben als dir."

Ich drehte am Knopf meiner Weste und schaute den grauen Kasten an, den die Fliegen so liebten und den sie den ganzen Tag belagerten, in der Hoffnung, einmal reinzukommen und die süßsaure Milch zu trinken. Er wirkte für mich so groß und unerreichbar. Mit einem Finger könnte ich ihn aufmachen und neue Milch holen, aber ich versuchte es gar nicht erst.

„Die Schweine sind ihr mehr wert. Vielleicht hat sie recht, die Schweine können wir verkaufen und eines auch im Winter schlachten. Na gut …", dachte ich, setzte mich auf meine Bank und wartete auf das Abendessen.

Der Fehler

In jungen Jahren fand mein Vater bei einer Aufforstung ein altes Gewehr, wie er später sagte, aus Zeiten Kaiserin Maria Theresias. Es war ganz verrostet und voller Erde. Er trug das Relikt nach Hause, säuberte es über Wochen hinweg und versuchte es schussfähig zu machen. Von seinem Freund Misko bekam er eine Büchse Schießpulver, welches er in das Rohr stopfte und anzündete. Der ganze Apparat explodierte und riss ihm den Daumen der linken Hand ab. Es grenzte schon an ein Wunder, dass der Doktor die restlichen Finger retten konnte.

Der gläubige 20-jährige Mann ging gerne in die Kirche und hatte viele Freunde, die sehr eng zusammenhielten. Diese jungen Männer gründeten so etwas wie eine christliche Landjugendpartei und setzten sich für ihre Heimat Kroatien ein. Das Zeichen dieser Gruppe war in erster Linie der Rosenkranz, sie trugen ihn um den Hals. Ein solcher Kroate ließ zwei Knöpfe des Hemdes offen, so konnte jeder sehen, dass er nicht allein war, dass er Freunde hatte, mit denen er betete. Bei dem Schuldbekenntnis schlugen sie sich gemeinsam auf die Brust. Bei Vaters kirchlicher Heirat waren alle Freunde anwesend. Sein bester Freund Misko war sein Trauzeuge, ein Mann, auf den man sich verlassen konnte.

Anfang der 1930er Jahre wurden mein Bruder Antun und meine zwei Schwestern Margita und Kata geboren. Zu dieser Zeit verbreitete sich die Nachricht vom Krieg und von schlechten Zeiten wie ein Lauffeuer. Im Handumdrehen schossen Parteien aus dem Boden, deren Programme auch die Bauern verstanden. Man musste nicht ins Detail gehen, das einfache Volk verstand die Situation auch so.

Am Anfang des Zweiten Weltkrieges kam eine Gruppe

Männer aus der Stadt, die unser Waldhaus übernahmen. Sie debattierten nicht lange, sondern sagten zu Vater: „Euer Haus liegt sehr günstig und versteckt. Du, Bauer, hast eine kaputte Hand, bist also als Soldat ungeeignet. Du kannst als Nachrichtenüberbringer arbeiten oder Kranke und Verwundete mit deinem Pferdewagen ins Krankenhaus fahren."

Nach diesem Besuch trug mein Vater sein Hemd geschlossen und seine Freunde waren eine ganze Zeit lang verschwunden. Die Partisanen brachten viele Säcke Mehl mit. Mutter musste in einer Woche bis zu zwölf Brote backen. Die Soldaten plünderten andere Höfe und brachten die Sachen zu uns. Mutter musste dann über Jahre ohne Lohn für sie kochen und backen.

Die Partisanen brachten auch Ungeziefer mit, so kämpfte Mutter zudem an der Läusefront. Sie kochte die Wäsche der Männer aus, doch die Plagegeister krochen aus der Aschelauge heraus und bildeten am Rand der Wanne eine Läusekette. Die Wäscherin schob sodann die Geretteten mit einem Brennholzstück in das Feuer. Die Wanzen wiederum kamen vor allem in der Nacht und ihre Bisse juckten unheimlich. So versuchte Mutter über fünf Jahre hinweg, sie zu vernichten, was ihr aber nicht gelang. In unserem Haus ging es zu wie auf einem Bahnhof. Die Partisanen brachten ihre Frauen aus der Stadt mit und Vater versuchte sie im Bienenhaus oder in den zwei großen Getreidekästen zu verstecken, denn alle möglichen Leute, auch Ustaša, Četnik oder Domobrani, verirrten sich zu uns und man wusste nie so richtig, zu welcher Partei der eine oder der andere gehörte.

Zu jeder Zeit musste Vater bereit sein, die Verletzten und Kranken mit dem Pferdewagen 20 Kilometer zum Krankenhaus zu fahren und dabei sein Leben zu riskieren. Die Kommunisten hatten zu dem Mann mit der kaputten Hand viel Vertrauen und gaben ihm daher ein Gewehr, eine Flobert-Waffe. Was sie nicht wussten, war, dass die andere Seite, also

Vaters Freunde, die Rosenkranzträger, genannt Križari, die ganze Zeit im Untergrund arbeiteten. Viele Nächte lief mein Vater durch die Wälder und gab seinen Freunden geheime Informationen über Truppenbewegungen. Er tat etwas Verbotenes, er tat es trotzdem, für seinen Glauben und für Kroatien, dachte er. Gegen Ende des Krieges sprach man von einem geeinten Jugoslawien und davon, dass alle Republiken eins werden würden.

Die Untergrundkämpfer meldeten sich bei Vater und sagten: „Du musst jetzt auch mit und alle anderen ebenso! Wir werden unser Land verlieren, unser Kroatien wird nicht mehr sein."

„Ich habe euch so viel geholfen, so viele Informationen und Brote in den Wald getragen. Ich kann nicht mehr! Das ist für meine Familie gefährlich", rechtfertigte sich der Patriot.

„Gut, das verstehen wir! Bleib zu Hause und arbeite weiter so mit uns, aber wir wollen wenigstens dein Gewehr haben", sagte sein Freund Misko.

„Niemals! Das darf ich nicht tun! Dieses Gewehr werden die Kommunisten bald von mir zurückverlangen", widersprach Vater.

Doch seine Freunde wollten auf keinen Fall aufgeben. Da holte Vater den Rosenkranz und sie schworen, dass sie ihn nie verraten würden. So gab er ihnen also doch die Waffe. Mein Großvater saß in seinem Zimmer und bekam alles mit. Er sagte zu seinem Sohn: „Die Partisanen haben schon gewonnen, sie sind stark. Deine Freunde sind wenige, gib auf dich acht."

An einem kopflosen Nagel über Großvaters Bett hing eine Bohnenkette, sein Rosenkranz, den er schon über sehr lange Zeit hatte durch seine Finger gleiten lassen. Er betete Tag und Nacht, wenn er nicht schlafen konnte, in seiner ganz eigenen Dunkelheit. So hielt er den Kontakt mit Gott. Eine Bohnenkette ohne Kreuz, 50 Feldfrüchte, die schon die Farbe verloren hatten. Sie waren die Orientierung für einen blinden

Mann. Der alte Herr besaß nicht viel, aber sein Verstand diente ihm über 90 Jahre. Der Allmächtige gab ihm eine gute Schwiegertochter, meine Mutter, die für ihn kochte, seine Füße wusch und auch seine Hemden und die Unterwäsche webte. Er war ein zufriedener alter Mann.

An einem Sonntag tauchten wie aus dem Nichts viele bewaffnete Männer mit roten Sternen auf den Mützen und den Uniformen auf. Sie trieben sechs Gefesselte, alle an einen Strick gebunden, vor sich her. Vater ging hinaus und sah seine Freunde. Sie waren am ganzen Körper blutverschmiert und einer der Kommunisten fragte ausgerechnet Misko: „Von wem hast du das Gewehr bekommen?"

Er überlegte nicht lange und zeigte mit seinen gefesselten Händen auf Vater. Der Rosenkranzschwur, das Schlagen auf die Brust, alles hatte keine Bedeutung. Misko sah keinen Ausweg, er gab es zu, denn er wurde geschlagen wie ein Pferd. Der Mann in der neuen Uniform nahm sein Gewehr auf und schlug Vater mit dem Schaft ins Gesicht. Dieser fiel ins Gras und spuckte zwei blutige Backenzähne aus. Ein anderer Soldat lief ins Haus, stürmte Großvaters Zimmer, zog ihn mitsamt seinem Strohsack heraus und warf ihn die Ziegeltreppe hinunter. In dem verlassenen Bett lag Vaters Rosenkranz, den mein Bruder, damals ein Junge von gerade mal 14 Jahren, schnell in seiner Hosentasche versteckte; den an der Wand an dem kopflosen Nagel entdeckte niemand. Antun schaute alles durch das Fenster der Abstellkammer mit an und machte sich dabei in die Hose.

„Ihr werdet alle erschossen", schrie einer, hob den blinden Mann an seinem Leinenhemd vom Boden auf und ließ ihn gleich wieder fallen.

Einmal erzählte mir der alte Jakob beim Schweinehüten vom Weltuntergang. Als ich später zu Hause war, fragte ich, ob das wirklich eines Tages kommen würde. Vater sagte: „Ich habe es schon zweimal erlebt und hoffe, nie wieder!"

Nach den Erzählungen meines Vaters begriff ich, in welcher Gefahr sich meine Familie befunden hatte. Einer mit dem roten Stern auf der Mütze, der Vater kannte, versuchte die Männer zu beruhigen und sagte: „Lasst die Frau und die Kinder in Ruhe! Den Alten, die blinde Ratte, könnt ihr in den Fluss werfen und den Verräter nehmen wir mit."

Großvater befreite sich von seinem Strohsack, stand auf und sagte mit ruhiger Stimme: „Meine Kinder, ich kann euch nicht sehen, nur hören. In euren Stimmen ist sehr viel Hass. Mit mir könnt ihr machen was ihr wollt, aber lasst bitte meine Familie am Leben."

Da nahm einer der Partisanen Großvater unter dem Arm und brachte ihn in sein Zimmer zurück.

„Alter, du brauchst keine Angst zu haben, dir passiert nichts", versuchte er den Blinden zu beruhigen.

Als mein Vater dies sah, kam ein wenig Freude in sein Herz.

„Mein Vater wird überleben", dachte er.

„Dich, Untergrundhund, nehmen wir mit", schrie dann aber ein anderer und trat meinem Vater in die Rippen.

Er wurde gefesselt und ohne mit seinen Freunden ein Wort zu wechseln in ein Auffanglager getrieben. Aus diesem Lager wurden die Kroaten dann in ein 60 Kilometer entferntes Gefängnis gebracht. In so einer Situation für zwei Parteien zu arbeiten und erwischt zu werden, das kann nur eine große Strafe bedeuten, das wusste der Gläubige. Er ahnte, dass er sein Leben abgeben werden müsse, weil diese Zeit am Kriegsende auch eine Abrechnungsepoche war. Eine Zeit ohne Richter, Gesetz, Verhandlungen. Nur die Sieger hatten Rechte, sonst keiner. Sie brachten alle in das Gefängnis, jeden in eine kleine Zelle. Dort quetschten die Soldaten die Gefangenen aus, bis sie alles zugaben, wonach sie gefragt wurden. Vater lag auf einem kalten Bretterboden und hörte draußen eine Kirchenuhr schlagen. Nur der Klang gab ihm das Gefühl, lebendig zu sein.

„Haben Sie dann gebetet?", fragte ich ihn Jahre später.

„Ich weiß es nicht, mein Kind, aber eines weiß ich genau: An Gott habe ich immer geglaubt, aber als die Männer mich jeden Tag schlugen, habe ich gehofft, dass sie mich erschießen und alles schnell vorbeigeht."

Einer der Soldaten sagte einmal: „Du, deine Freunde sind weg. Du bist allein hier. Du kannst bald auch auf die Reise gehen."

So war es auch. Irgendjemand hatte das Recht dazu und gab den Befehl, den Bauern zu erschießen. Nach vielen Wochen sagte ihm einer: „Die Zeit ist gekommen, morgen früh, sei bereit. Ich habe die Erlaubnis, dich zu töten."

Doch der Soldat, der Großvater damals zurück in sein Zimmer gebracht hatte, setzte sich für Vater ein und sein Tag wurde ausgesetzt, so wartete er noch einige Wochen. Eines Tages wurde ihm ein Brief vorgelesen. Er hätte gut mit den Partisanen gearbeitet, viele gerettet und ihnen Unterkunft gegeben. Er bekäme deshalb noch eine kleine Chance, russisches Roulette. Beim normalen Roulette wurden alle Kugeln aus der Revolvertrommel herausgenommen und dann nur eine hineingesteckt. Die Trommel mit dieser einen Kugel wurde dann gedreht, die Waffe an den Kopf gehalten und abgedrückt. Es gab allerdings auch das falsche Roulette. Hier wurde nur so getan als ob, in der Trommel waren aber noch alle Kugeln. Bei so einem Spiel mit dem Leben gab es nur den Tod zu gewinnen.

Sie schleppten den Verurteilten aus seiner Zelle, stellten ihn vor eine Ziegelmauer und entfernten sich. Da wartete Vater eine halbe Stunde und hörte die Kirchenuhr fünf Uhr Nachmittag schlagen. Zwei Männer kamen und einer sagte: „Wenn du überlebst, kannst du nach Hause gehen, aber du bist nichts, du hast keine Rechte. Dein Leben wird schwer sein."

Da stand nun der 40-Jährige, ein Nichts, die Arme hingen schwer an seinem geschlagenen Körper herab. Seine Gedanken blieben stehen, als er nur ein Klicken hörte und neben der Mauer umfiel. Wie viel Zeit verging, das wusste er nicht, er bemerkte die Lebensgeister in seinen Gedanken und seinem Herzen und stand vorsichtig auf. Das Tor war offen und der Überlebende ging hinaus ohne Freude oder Hass, seine Füße trugen ihn diese 60 Kilometer – eine ganze lange Woche –, bis er sein Heim erreichte. Der Krieg war beendet, aber Vater wurde schwer krank und hatte sogar Angst davor, zum Doktor zu gehen. Er traute der kommunistischen Regierung nicht.

Er wurde in die Stadt vorgeladen und ihm wurde noch einmal einiges erklärt: „Du bekommst das Parteibüchlein und wirst als Informant mit und für uns arbeiten. Deine Kirche und die Kreuzträger haben verloren, sie sitzen alle im Gefängnis. Wenn du nur den kleinsten Fehler machst, wird dich die Dunkelheit auffressen."

So begann Vaters 25 Jahre während Weg als Kommunist und als Nichts. Der Kroate und Christ musste vergessen, denn die Regierung wollte es so.

Ich wurde in diese Nachkriegszeit, in die chaotische Zeit, hineingeboren. Eine Phase, in der sich nichts änderte, in der alles stehen blieb.

Frühsommer

Der Frühsommer war für mich die schönste Zeit, denn es war die Zeit des Wiesenmähens. Wochenlang beobachtete ich das Gras im Tal, wie es wuchs und immer grüner und saftiger wurde. Nach einiger Zeit bekamen die Wiesen entlang des Bachverlaufs bunte Farbtupfer – zuerst wuchsen gelbe Blumen, später violette und blaue. Die Intensität der Farben nahm mit jedem Tag zu.

Eines Morgens um vier Uhr kamen dann Männer mit messerscharfen Sensen. Der Morgentau und das Aufstehen vor Sonnenaufgang begünstigten ihre Arbeit. Die Sensen sangen regelrecht, als sie durch das Gras schnitten. Reihenweise fielen die saftigen grünen Grasstängel der Schärfe zum Opfer. Bei den ersten Sonnenstrahlen glänzten die Tautropfen wie Perlen im Gras, und die Männer wussten, sie müssten sich beeilen und noch fleißiger arbeiten. Meine Mutter kochte zu Hause Polenta mit Speck und Sauerkraut. Die hungrigen Männer aßen schnell, um bis zum frühen Vormittag fertig zu werden.

Ein paar Frauen und auch wir Kinder warfen das gemähte Gras auseinander, und als die Sonne es trocknete, verbreitete sich ein wohliger Duft im ganzen Tal. Abends zogen wir das trockene Gras mit dem Rechen zu kleinen Häufchen, um es am nächsten Tag ein weiteres Mal auseinanderzuwerfen. Bei gutem Wetter konnten wir das Heu bereits am Tag nach dem Mähen nach Hause fahren.

Vater kam mit dem Pferdewagen und Mutter lud mit einer Mistgabel das Heu auf. Mein Vater formte kunstvoll viereckige Heuballen, die er zum Schluss an einem Holzbalken befestigte und so unbeschadet nach Hause schaffte. Während dieser Arbeit war es meine ehrenvolle Aufgabe, die Pferde, die vor den Wagen gespannt waren, festzuhalten und sie mit einem Haselnussast von Fliegen und Bremsen zu befreien. Der Nachteil war allerdings, dass sich die Bremsen ihr Mahl trotzdem holten und mich daher oft durch das Kleidchen in den Rücken oder die Beine stachen. Oft murrte ich meinen Eltern gegenüber, aber es half nichts, jeder hatte seinen Teil beizutragen.

In der Scheune warf Vater das trockene Heu hoch unter das Dach und wir mussten es weiter nach hinten in die Ecken ziehen und schieben. Bei großer Hitze stach das dürre Gras ganz fürchterlich und kratzte uns die Arme und Beine blutig. Am Abend wuschen wir uns am Brunnen in einem Holztrog, aus dem sonst die Pferde tranken. Wir machten ihn mittags voll Wasser und die Sonne wärmte das Wasser bis zum Abend auf eine angenehme Temperatur. So lauwarm es war, brannte es dennoch auf der blutigen, zerkratzten Haut.

Es gab regnerische Jahre, in denen uns Überschwemmungen das Heu davontrugen, was Hungern für unsere Tiere und letztlich auch Hungern für uns bedeutete. Gegessen wurde, was auf den Tisch kam, denn wir waren Selbstversorger. Es gab keine Auswahl, da meckerte keiner.

Meine große Schwester ging schon zur Schule und war eine gute Schülerin. Mit ihren zehn Jahren las sie perfekt beide Schriften, durfte neben dem Lehrer sitzen und die Zeitung vorlesen. Unsere Eltern waren sehr stolz auf sie. Ihr Lehrer namens Macatun lobte sie oft. Zu der Zeit buk Mutter für die Schulkinder Brote und fuhr sie jeden Montagnachmittag mit dem Pferdewagen zur Schule. Doch nach dem Unglück zog sich meine Mutter zurück.

Lesen und Rechnen lernte meine Schwester schnell, aber sie musste auch viel zu Hause arbeiten. Ihr Körper war sehr biegsam und sie liebte Sport. Sie konnte sich durchsetzen und oft stritt sie mit dem 17 Jahre älteren Bruder. Ihr zehntes Lebensjahr erreichte sie in einem heißen Sommer. Sie versuchte immer wieder dem Bruder zu widersprechen und auszubrechen, aber er gab nicht nach, und so musste sie in den Sommerferien mithelfen, wo sie gerade konnte.

Der Blutmond

Der Sommer kam und der Juli brachte uns viel Sonne, die unsere Weizen-, Hafer- und Gerstenfelder reifen ließ, bis das Getreide golden war wie das Gewand eines orthodoxen Popen. Es war eine Pracht und die Zeit der Ernte kam.

Am Morgen des 17. Juli 1957 wachte ich sehr früh auf. Der Kuckuck sang sein Klagelied und Mutter stand mit diesem Gesang auf, um den Holzofen einzuheizen und das Frühstück vorzubereiten. Der Rauch, der aus dem Kamin emporstieg, verschwand schnell, woraus die Bauern das Wetter voraussagen konnten – es sah nach schönem Wetter aus. Die Katzen wanderten über den geflochtenen Zaun und die Spinnen webten ihre Netze. Der Tag konnte beginnen.

Nachdem die Sonne den Morgentau verdunstet hatte, machte sich die ganze Familie auf den Weg ins Feld, wo die Männer mit ihren Sensen den Weizen mähten und die Frauen die abgeschnittenen Halme mit einer Sichel zusammenrechten. Sie nahmen einen Büschel Halme, in den sie an seinem Ende einen festen Knoten machten und das Büschel dann wieder teilten, sodass der Knoten genau mittig lag. So entstand eine Art Gürtel, auf den sie die Strohbündel legten und so am Abend die Garben banden. Die Frau meines Bruders hatte nicht so viel Erfahrung mit dieser Arbeit, so musste meine Schwester einspringen und diese Strohgurte vorbereiten.

Die Mutter kam an diesem Tag schon um elf Uhr nach Hause und bereitete das Mittagessen vor: Sie schlachtete ein Huhn, grub neue Kartoffeln aus und kochte eine kräftigende Speise. Es hieß, wer arbeite, solle auch essen.

Nach der Mittagspause prüfte der Bruder den Himmel und stellte fest, dass der Nachmittag bereits gekommen, das

Wetter in Ordnung und die Hitze groß war. Er nahm ein Taschentuch, verknotete es an den Spitzen und setzte sich die Tuchmütze auf den Kopf. Er hob die Sense auf seine Schulter und ging mit seiner Frau am Waldweg zum Feld.

Sie nahmen eine Weizenparzelle, die neben dem Fluss lag, die Eltern eine andere auf einem Hügel. Beide Gruppen waren durch ein hoch gewachsenes Maisfeld getrennt. Die Mutter zog ihre abgeschnittenen Gummistiefel an, setzte ein helleres Kopftuch auf und sagte zu meiner Schwester: „Na, was ist mit dir? Du machst dich gar nicht fertig für die Arbeit."

Meine Schwester legte ihr Buch zur Seite, strich ihr Haar aus der Stirn und antwortete: „Ich bleibe heute Nachmittag zu Hause, mir ist zu heiß. Schauen Sie meine Arme an: Die sind ganz zerkratzt und rot!", und streckte sie unserer Mutter entgegen.

So gerne hätte ihr die Mutter erlaubt, zu Hause zu bleiben, aber ihr Sohn wäre damit nicht einverstanden gewesen. Sie musste das zehnjährige Kind zur Feldarbeit bringen.

„Wenn du heute Nachmittag nicht zum Helfen mitkommst, wird dein Bruder wütend. Ich bitte dich, geh heute mit und morgen bleibst du zu Hause, das verspreche ich dir!", sagte sie vorsichtig.

„Morgen bleibe ich zu Hause und lese das Buch zu Ende, da kann kommen, was mag. Ich will nicht mehr schuften!", rief sie der Mutter nach, die schon hinter dem Bienenhaus verschwunden war.

Die Pflicht meiner Schwester war es auch, für frisches Brunnenwasser zu sorgen. So ging sie langsam zum Brunnen, nahm die zwei Meter lange Holzstange, an der ein Kübel hing, und ließ sie durch ihre Hände in den dunklen Brunnen gleiten. Als sie sie wieder ans Tageslicht holte, glänzte das kühle, klare Wasser. Sie füllte die 1-Liter-Flasche mit dem kostbaren Nass und schlenderte der Mutter lustlos nach.

Sie wanderte durch ein Stück Wald, durch das sie die Felder

schimmern sah. Die Haselnussblätter streichelten ihr Gesicht, die Baumwurzeln lagen quer über dem Pfad, und ohne zu stolpern ging sie den ihr bekannten Weg. Sie blickte durch das Gestrüpp und ihre Augen entdeckten Streifen aus lauter Mohnblüten, die schon langsam die grünen Köpfe verließen. Der Flachs stand auch da, die blauen Blüten ähnelten dem Meer – von dem großen Wasser hatte sie schon gehört, es bisher aber noch nicht gesehen.

Der Wald, der unsere Felder umrahmte, schaute ihr zu – dem Kind, das zur Arbeit ging: ein Mädchen mit einer grünen Wasserflasche. Ein Kind, das sich entwickeln wollte.

Die heiße Luft tanzte über das Stoppelfeld. Das Mädchen ging an den arbeitenden Eltern vorbei und rief: „Mama, ich habe das Wasser dabei!"

Sie bewegte sich in Richtung des Flusses, wo der Bruder bereits mähte und die Schwägerin hinter ihm die abgetrennten Weizenhalme einsammelte. Der junge Mann schnitt die Halme mit seiner Sense. Die abgeschnittenen Halme lehnten an Stehenden, die ihrerseits noch nicht wussten, dass sie die nächsten sein würden. Auch der fast blaue Sommerhimmel sah zu. Einige weiße Wolken wanderten nach Süden und die Hitze nahm unser Tal in Besitz.

Das Mädchen nahm ihren Arbeitsplatz ein, in der Mitte zwischen ihrem Bruder und dessen Frau, beugte sich zum abgeschnittenen Getreide hinab, nahm einige Halme davon und presste sie in ihrer Hand, bis die reifen Weizenkörner aus ihren Ähren sprangen, und so versuchte sie, das erste Garbenband zu flechten.

Oberhalb dieses Maisfeldstreifens, auf einer Anhöhe, mähten die Eltern das andere Feld. Der Vater liebte diese Arbeit und nahm eine gerade Haltung ein. Mutter blickte zum Himmel und sah, wie sie später erzählte, eine Feuerkugel, die einem Blutmond glich, die schon im nächsten Moment auf der Erde einschlug. Die Kugel wurde von einem Donner begleitet, der alles erbeben ließ, und im nächsten Moment sah sie eine Rauchsäule aufsteigen, die aus der Richtung ihrer arbeitenden Kinder kam.

Die erschrockene Bäuerin warf ihre Sichel zur Seite und erkämpfte sich den Weg durch das hochgewachsene Maisfeld. Sie sah ihr Kind, das Mädchen, am Boden liegen. Ihre Hand ließ gerade die Strohhalme los, die sich noch leicht bewegten und langsam aus ihrer Hand fielen. Die Mutter hob ihren bleichen Kopf hoch und schrie, als sie den Mund auftat und nach Luft schnappte: „Wasser, bringt Wasser!"

Die Schwiegertochter brachte die Flasche und die Mutter gab ihr etliche Tropfen, aber alles war zu spät. Das Kind lag da, in diesem Stoppelfeld. Ihre Haare, die leicht versengt waren, verdeckten ihr Gesicht, der Körper leblos und die Lippen ganz blau.

Mutter zog das Kind auf ihren Schoß und küsste es, während ihre Tränen die Stirn des Mädchens benetzten. Sie versuchte den kleinen Körper in ihren eigenen Leib hineinzudrücken. Im nächsten Moment kam auch der Vater an der Unglückstelle an und konnte seinen Augen nicht trauen: sein Kind war tot. Aus heiterem Himmel vom Blitz erschlagen – eine größere Strafe war ihm bisher noch nicht widerfahren! Mit einer unheimlichen Kraft hob er die tote Tochter zu seiner Brust, schaute mit seinen hellblauen Augen zum Himmel und schrie: „Du, Gott, hast mein Kind getötet. Bist du jetzt zufrieden!? Willst du noch mehr?"

Mit schweren Schritten und in großer Angst kam auch der Bruder an die Stelle. Er weinte, nahm seine Schwester aus den Armen seines Vaters und ging in Richtung Haus. Seine schwarzen Locken, ganz nass vom Schweiß, ragten unter dem Sonnenschutz, einem Taschentuch, hervor. Sein Herz pochte, als er das Kind des Vaters trug, das nicht mehr lebte. Was hätte er alles in diesem Moment gegeben, um sie wieder lebendig zu machen! Sein eigenes Lebens sogar.

Ein Tag, der so schön und harmlos begonnen hatte, erfuhr eine schreckliche Wende – eine Sekunde veränderte nicht nur ein Leben, sondern das vieler. Mitten in unserem Hof gab es eine hölzerne Stelle und einen Maulbeerbaum. Das war meine Lieblingsstelle und der Baum immer meine Zuflucht, denn er gab mir Geborgenheit, und auch an diesem Nachmittag lief ich zu ihm, versteckte mich unter seinen blättrigen Ästen und schaute dem Treiben zu. Ich umarmte den Stamm des Baumes und versteckte meinen Körper dahinter, sodass nur mein Kopf hervorlugte. Und so blickte ich auf das große Hoftor. Schon durch die Zaunlatten sah ich die Mutter mit der Wasserflasche in der Hand. Sie öffnete das Tor in aller Eile und fing an zu klagen: „Ein Unglück, ein Unglück – das Kind ist getroffen worden – der Blitz, der Blitz – aus wolkenlosem Himmel …!"

Als der Donner den heißen Himmel durchschnitt und das Echo durch den Wald und über die Felder peitschte, hörten alle Leute von diesem Unglück. Sie ließen alles stehen und liegen und liefen in Richtung unseres Hauses. Unser kleiner Bauernhof füllte sich mit Nachbarn und auch Roska kam und eilte mit großen Schritten auf meine Mutter zu. In diesem Moment erblickte ich Vater und Bruder, letzterer trug die Schwester. Aus Verzweiflung zog ich meinen Kopf hinter den Baumstamm zurück und klammerte mich noch fester an ihn, sodass ich den Ameisen den Weg versperrte. Ich hörte den Bruder rufen: „Ein Spaten muss her, damit ich ein Erdloch graben kann. Wir müssen das Kind dort hineinlegen und bis zum Kopf mit Erde bedecken, damit die kalte Erde die Elektrizität aus ihrem Körper ziehen kann!"

Er legte das bewegungslose Kind behutsam, fast liebevoll aufs Gras und lief zum Stall. Wie versteinert stand ich hinter meinem Baum und bemerkte, dass mein Vater weinte. So bitterlich wie ich damals, als mich der böse Gänserich schlug und kniff. Ich bewegte mich keinen Millimeter, und wie ein trockener Schwamm das Wasser aufsaugt, so nahm ich alles auf, was vor mir geschah. Die Nachmittagswärme breitete sich noch stärker in unserem Tal aus und mit ihr später auch die Dunkelheit und eine große Trauer.

„Du gräbst kein Loch, es ist zu spät! Gott hat sie aus heiterem Himmel erschlagen, sie ist tot", rief der Vater, machte zwei Schritte und hob sie aus dem Gras. Er blickte ein weiteres Mal zum Himmel und schrie: „Der da oben, du und deine Frau – ihr drei seid schuld!"

Der 26-jährige junge Mann griff in seiner Verzweiflung nach einer Mistgabel, die an der Stallwand lehnte, hob sie hoch und ging auf den Vater zu. Vater machte einen Schritt zurück, und als der Bruder ausholte und zuschlug, traf

Mein Bruder Antun

er statt des Vaters den Arm der Schwester, die der Vater an die Brust gepresst hielt. Ein Kind kann noch so klein sein in diesem Moment, aber es kann denken, und damals wünschte ich mir, ich wäre tot. Hätte die Mutter mich unter dem Sieb liegen lassen, wäre alles anders gekommen. Noch nie in meinem Leben fühlte ich mich so allein und verlassen. Niemand sah mich, nur den Baum hielt ich fest, keiner brauchte mich. Mutter hatte mir das Beten beigebracht, aber in dem Moment konnte ich es nicht. Zu wem sollte ich um Hilfe flehen? Dieser Gott hatte meine Schwester mit einem Blitz getötet – worum hätte ich gerade ihn bitten sollen? Ich wusste es nicht und auch Vater hatte gesagt, dass Gott sie erschlagen hätte.

„Was für eine schreckliche Sache!", dachte ich. „Sollte ich zu ihm nun Du statt Sie sagen? Ist das wirklich wahr?"

Den weinenden Vater überkam der Zorn und er schrie so laut, wie ich es vorher noch nie gehört hatte: „Verschwinde, dass dich meine Augen nicht mehr sehen müssen, und nimm auch deine Frau mit!"

Mir kam es vor, als ob mich der Baum mit tausend Augen anschaute. Seine Blätter zitterten noch immer im Wind.

„Es ist gut, sie sollen gehen, dann kann ich an den Milchschrank und die Milch mit den Schweinen teilen."

Mein Bruder nahm seinen Holzkoffer, den ihm der Vater vor seinem Eintritt in die Armee gebaut hatte, legte einige Kleider hinein und floh mit seiner Frau über die Wiesen zum Onkel. Roska nahm sich der Mutter an, holte die Holzbank aus der Abstellkammer und legte das tote Kind darauf. Ich schlich mich ins Haus, wo ich den Vater entdeckte, der sein schönes Gesicht hinter seinen knochigen Händen verbarg und weinte.

„Warum hat Gott meinem Vater das angetan? Warum muss er jetzt so leiden?", dachte ich.

Ich traute mich nicht, mich ihm zu nähern, also ging ich auf den Holzofen zu, der an dem Abend kalt blieb, setzte mich neben das Brennholz und zog eine schlafende Katze in meinen Schoß. Es beruhigte mich, ihr über das warme Fell zu streichen, und gab mir das Gefühl, lebendig zu sein.

Die flinke Roska legte das tote Kind auf einen Fleckerlteppich, legte ein Leinenhandtuch über ihren Schoß und wusch das Mädchen mit einem nassen Tuch. Danach zog sie ihr das schöne geblümte Kleid an und legte sie auf die Holzbank zurück. Ich ging mit meiner Katze zu ihr und nahm sie bei der Hand, zog meine aber sofort wieder zurück. Diese kleine weiße Hand war eiskalt wie ein Sommerhagel, ihr Gesicht blass und ihre dunklen Haare schmückten ihre hohe Stirn.

Am gleichen Abend kamen Frauen und Männer und alle schauten das tote Kind an, das auf der Holzbank lag. Sie machten ein Kreuzzeichen und nahmen irgendwo im Raum ihren Platz ein. Da nahm Roska mit Freude die zwei Bilder von Tito und seinem Freund Kardelj von der Wand und lehnte sie hinter den Schrank.

„Sind vielleicht die zwei schuld?", fragte ich mich.

Sie nahm aus ihrer Westentasche eine Handvoll schwarze Küglein, ließ die Hand leicht geöffnet und heraus sprang immer wieder eine andere Kugel, die aber alle mit einem Faden verbunden waren. Erstaunt schaute ich zu und im gleichen Moment fing eine Erzählung an und die anderen Besucher wiederholten am Ende immer das Gleiche nochmal. Diese Menschen sprachen von Jesus, der Blut geschwitzt hatte – grausam fand ich das. Ich bekam Angst, denn für mich gab es damals so etwas wie Symbole oder Metaphern nicht, ich nahm das alles sehr ernst und für mich war es echt. Da sagten sie auch *gepeitscht* – wie schlimm! Ich stellte mir vor, wie der Vater die Pferde peitschte, als sie schwere Last zu ziehen hatten und es kaum schafften. Meine Welt fing an zu kippen … Da nahm mich Roska und legte mich ins Bett neben meine tote Schwester.

Auf einem kleinen Tisch stand eine brennende Kerze und warf ein warmes Licht auf das glänzende Gesicht meiner Schwester. Ganz ruhig lag sie da und atmete nicht. Ich schaute sie an und ihrer Hände Schatten fand ich an der Wand wieder – dieses Kerzenlicht wäre wunderbar gewesen für die Schattenspiele, die sie so gut beherrschte. Doch ihre Hände ruhten leblos auf ihrem Körper.

Der Morgen des nächsten Tages begann genau wie jeder andere. Auch der Kuckuck schrie und der Rauch kündigte gutes Wetter an. Der Himmel vergoss keine Träne! Nur in unserem alten Haus blieb die Zeit stehen: Keiner lachte, keiner redete, eine unheimliche Ruhe beherrschte unser Haus. Mir kam es vor, dass auch der sonst so laut schreiende Hahn leiser geworden war. In meiner kindlichen Traurigkeit ging ich hinaus zur Scheune, setzte mich auf einen alten Balken und begann zu singen.

„Es geht doch!", stellte ich fest und ging wieder zurück ins Haus.

An diesem Morgen fand ich den traurigen Vater in der Abstellkammer vor. Er fluchte und stritt mit Gott: „Er erlaubt seinem Himmel keine Tränen und bestrafte mich wie keines seiner Kinder auf der Erde. Was hab ich ihm getan? Mörder!"

Mörder – so nannte er Gott und ging seiner Aufgabe nach: Bretter für den Sarg und Latten für das Kreuz zusammenzusuchen und diese beiden Dinge zu bauen. Ich lief ihm nach wie ein Hund. Aus seiner Hosentasche zog er ein Metermaß, ging ins Schlafzimmer und maß die Schwester ab. Er hobelte dann die Bretter ab und lockige Späne flogen neben seine Füße.

Mittags strich er im Schatten des Maulbeerbaums den Sarg mit Firnis ein. Die schwarze Masse floss in alle Richtungen und die helleren und dunkleren Stellen machten für mich alles ein wenig bunter.

Der warme Sommerabend verabschiedete sich wie immer: Die Sonne tauchte hinter dem Waldrand unter und der Abend zog in das traurige, gottverlassene Haus, in dem der offene Sarg auf der Holzbank lag und in ihm, blass und einsam, das kleine Kind im bunten Blumenkleid. Ein armer Mensch ohne Leben. Es war ausgelöscht – das Leben des Kindes, meiner Schwester, die den gleichen Vater liebte und mit mir auf einer Bank saß und heiße Milch mit Polenta frühstückte. Das Kind hatte auch mich verlassen. Ich verbrachte die zweite Nacht im Bett neben ihr und am dritten Tag war es Zeit für die Beerdigung. Der Vater nahm den Deckel des Sarges ab und legte das Kind vorsichtig hinein. Mutter drehte durch, schrie und beugte sich über den offenen Sarg, um das Kind wieder herauszuheben. Sie gab ihr die letzte Liebe mit, die sie noch in sich trug – für mich blieb lange Zeit nichts übrig. Ich wünschte mir zum zweiten Mal, tot zu sein und Mutters Küsse vielleicht ins Grab mitnehmen zu können. Sie sah meinen Schmerz nicht – den Schmerz um meine Schwester und die Sehnsucht nach der Liebe meiner Mutter, die ich so sehr brauchte ... Ich fühlte mich wertlos und überflüssig.

Roska nahm meine Mutter und führte sie in die Küche; so konnte der Vater den Deckel wieder auf den Sarg setzen. Damit verschwand seine Tochter für alle irdischen Zeiten. Er holte mit dem Hammer aus und schlug zwölf Eisennägel in das harte Holz, dieser helle Donner des Hammerschlags schlug sich in meine Seele. Ich lief die Treppen hinunter zu meinem Baum. Ich blickte über meine Schulter zurück durch die offene Haustür und sah vier junge Männer, die den Sarg aus dem Haus trugen. Da wurde mir noch klarer, dass sie nie wieder zurückkommen würde.

Manche Bauern arbeiteten an diesem Vormittag im Feld. Sie erhoben sich und machten ein Kreuzzeichen, als wir vorbeigingen. Egal ob Serben oder Kroaten – alle hatten Respekt vor dem verlorenen Leben. Der Tod machte alle gleich. Den Tod des Kindes verstand niemand ...

Der wunderschöne warme Tag strahlte und die Natur gab ihr Bestes, als wir, eine Kolonne von Menschen, den staubigen Weg zum Friedhof gingen. Eine Holzbrücke gab dumpfe Klänge von sich, als wir über sie hinwegmarschierten und das von Serben bewohnte Dorf erreichten. Kaum dort angekommen, hörte man schon die Glocke der orthodoxen Kirche, die uns einen Kilometer lang bis zur letzten Ruhestätte meiner Schwester begleitete. Die Männer legten den Kindersarg im Gras ab, gleich neben dem Erdaushub unter zwei jungen Tannenbäumen. Wortlos, ohne Popen oder einen Redner der Partei des Vaters, übergaben die vier Männer den Sarg der Erde. Die Besucher weinten laut und die beiden Bäume raschelten leise im warmen Mittagswind. Ein schwarzes Kinderkreuz schmückte das Grab der Schwester, das die Männer hastig zuschütteten und sich schnell entfernten.

Wochen nach dieser Tragödie wurde der Vater sehr krank. Seine Krankheit, die er nach dem Zweiten Weltkrieg bekommen hatte, meldete sich zurück. Seine Nerven hielten die Anspannung nicht mehr aus und er fiel in eine tiefe Depression. Der große, schlanke, über 50 Jahre alte Mann hörte die Stimme seines verstorbenen Kindes. Manchmal lief er in den Wald, um sie zu holen, doch er kehrte stets allein wieder nach Hause zurück. Ich konnte ihm nicht helfen: Der graue Mann verlor sein erst zehnjähriges Kind, seinen Sohn und seine Schwiegertochter schickte er fort, und kurz nach diesem Unglück verlor die junge Frau auch noch ihr erstes Kind. Wer könnte so einen Schlag verkraften?

Im gleichen Jahr noch erlebte ich mit dem Vater Bedenkliches. Meine andere Schwester und ich holten mit ihm gemeinsam Brennholz. Wir saßen hinter dem kranken Vater auf dem Holz, als er nicht weit vom Haus entfernt grundlos die Pferde aufhielt und vom Wagen sprang. Die Pferde blieben ruhig stehen, mein Vater nahm die Peitsche und drosch mit voller Wucht auf die vier Eisenräder ein.

„Vater, was machen Sie da? Was ist los, warum schlagen Sie auf die Räder ein?", rief ich ihm zu.

Er blickte zur mir auf und mit einer milden Stimme, die ich heute noch hören kann, sagte er: „Bleibt sitzen, meine

Kinder, habt keine Angst! Ich muss nur die Wagenräder von Schlangen befreien, die sich um sie gewickelt haben."

„Schlangen? Jetzt im Spätherbst?", dachte ich.

Ich konnte keine Schlangen sehen, nur mein Vater konnte es. Er stieg aufs Holz, drehte sich zu uns um und sagte weiter: „Macht jetzt ein Kreuzzeichen, denn dort steht die Mutter Gottes, Maria. In einer Hand hält sie das Kind, in der anderen den Rosenkranz", flüsterte er, nickte in eine Richtung, beugte leicht seinen Kopf und hob den Hut ab.

Mein Vater, der Kommunist, hatte uns nie aufgetragen zu beten oder irgendwelche Zeichen zu machen. Ich spürte, es war ihm ernst, und mir wurde klar, dass er krank war: Er sah diese Dinge wirklich, wir beiden Mädchen aber nicht.

Zu Hause angekommen, erzählten wir alles der Mutter, die uns genau zuhörte und uns erklärte: „Im Vater wohnen zwei Menschen, ein Kommunist und ein gläubiger Christ, und im Moment ist er krank und kennt sich daher nicht aus."

Diese Stelle im Wald habe ich nie vergessen, und immer wenn ich dort vorbeigegangen bin, musste ich an diesen Tag und dieses Ereignis denken. Aber nie sah ich etwas anderes als Bäume und den Waldweg. Ein ganzes Jahr kämpfte der Vater mit seiner Krankheit und mit sich selbst. Danach kam er ein halbes Jahr in ein Sanatorium und kehrte fast gesund nach Hause zurück.

Nichts zu holen

Unsere Haustür hatte kein Schlüssel. Das Leben ging rein und raus, ohne Angst vor Überfällen. Wer hätte uns schon ausrauben können und was wäre da zu holen gewesen? Der graue Küchenkasten? Oder ein Tontopf mit abgestandener Milch? Bei uns gab es weder Schmuck noch Geld.

Die Haustür wurde aber doch ab und an dichtgemacht. Der obere Teil der Tür bestand aus Glas, die andere Hälfte war ein Gestell aus altem, vom vielen Regen aufgeweichten und der Sonne heiß getrockneten Holz. Ein kleines Glasquadrat war in zwei Dreiecke zerbrochen. Ich nahm eines der Dreiecke heraus, schob meine Hand hindurch, machte den Haken der Tür fest, holte meine Hand wieder raus und setzte das Dreieck passgenau, wie es ein Glaser gemacht hätte, wieder in seine Nut aus kleinen dreieckigen Blechen ein. So stand die alte Tür da und ließ niemanden rein, und auch ein kaputtes Glas hatte einen Zweck und tat ein gutes Werk.

Der Namenstag

Wir blieben in unserem Tal ziemlich allein, doch wie lebendig wurde es bei uns, als mein Vater den jungen Wein prüfte, einen kleinen Schwips bekam und sein berühmtes Lied anstimmte. Sein guter Freund Stevo war oft dabei und zu zweit sangen sie. Mein Vater hob mit einer Hand seinen Hut hoch, strich sich das graue Haar mit der anderen glatt und setzte ihn sich wieder leicht schräg auf den Kopf. Das unverwechselbare Zeichen, dass das Lied begann:

> *Vihor ružu niz polja tjeraše*
> *Dotjeraše muji pod šatore*
> *Pod šatorum nikog nebijaše*
> *Samo Mujo rane zourijaše*
> *Sedam rana od sedam derana*
> *Osma rana udaje se draga.*
> *Sve će rane preboljeti lako*
> *Samo osmu nemože nikako.* *

Sein Gesicht strahlte bei dem Lied, er war zufrieden und seine Mimik war wunderschön. Seine Gefühle und seine Stimme waren einmalig. Ich liebte ihn über alles und sagte: „Vater, Vater, singen Sie bitte noch einmal, nur noch ein Mal!"

Ich bekam nicht genug und er sang und sang und ich konnte das Lied nach kurzer Zeit auch auswendig. Nach so vielen Jahren rufe ich das Lied in meinen Gedanken hervor und sehe, dass es noch immer da ist.

---

* Ein Sturm trieb die Rose über die Felder, trieb sie bis in Mujos Zelt. Im Zelt war niemand, nur Mujo verband seine Wunden. Sieben Wunden von sieben Jünglingen, die achte Wunde: Seine Liebste heiratete einen anderen. Alle Wunden heilten ganz leicht, nur die achte blieb für immer.

Säen, Dreschen, Brotbacken

Der Herbst kam oft überraschend. Kaum geizte der Sommer mit seinen warmen Tagen, schon kam sein Nachfolger und übernahm das Kommando. Die Felder waren abgeerntet und die gut durchnässte Erde musste für die Aussaat vorbereitet werden. Vater brachte sein Pflugeisen zum Schmied, um es schärfen zu lassen.

Die eine Stute zog den Pflug vormittags, die andere nachmittags. Ab und zu lief sogar das Fohlen mit und auch ich folgte meinem Vater. Ich brachte ihm eine Jause und beobachtete den Arbeiter beim Essen. Er legte den Pflug zur Seite, gab dem Pferd einen Beutel mit Hafer, setzte sich auf die umgepflügte Erde, nahm eine Flasche mit Wasser, schüttete ein paar Tropfen auf die Erde und trank. Mit seinem Taschenmesser schnitt er das Brot und den fetten Speck und genoss jeden Bissen. Die schöne braune Erde glänzte in den letzten Strahlen der Abendsonne. Der gute Vater legte den fast leeren Haferbeutel über meine Schulter und ich trug ihn stolz nach Hause.

Wenn das Wetter es erlaubte, fing er bald darauf mit der Aussaat an. Hierzu legte er einen anderen Leinenbeutel voller Saatgut über seine linke Schulter und mit seiner rechten Hand warf er die Körner in einem Halbkreis vor sich auf die vorbereitete Erde. Ich beobachtete Vater, der diese Arbeit über alles liebte und in diesen Momenten stolz und glücklich war ein kleiner Bauer zu sein. Tausende Körner vertraute er der Erde an und hoffte, dass eine höhere Macht sie zum Leben erwecken und zum Wachsen bringen würde. Schon während der Arbeit versuchten die Krähen und Raben diese goldenen Körner zu klauen. Ich lief hinter ihnen her, um sie zu vertreiben, aber meist ohne Erfolg. Der Regen drückte die Aussaat tiefer in den Boden. Im Frühjahr wachten Abertausende von ihnen auf und tauchten das Feld in ein wunderschönes Grün.

Vater sah einmal in der Stadt im Fernseher bei einem seiner Kameraden das Meer. Er erzählte mir: „Das Wasser war ganz blau und die Wellen schlugen hoch."

Ich sah im Sommer auch das Meer, als die Weizenfelder sich im Wind bewegten und die Wärme sie zur Reife brachte. Mein Meer war erst grün und dann golden. Diesen großen Reichtum brachten wir später nach Hause und warteten auf die Dreschmaschine. Da kam auch schon der Tag!

Ich ging unseren Hohlweg entlang und sah einen grauen Traktor, der fürchterlich rauchte und hinter sich eine große rote Maschine nachzog. Ich lief voller Freude dem entgegen, was da auf mich zukam, doch da rief schon einer: „Du, Kleine, pass auf, dass dich der Traktor nicht überfährt!"

Die Arbeiter lachten und zogen die abgerissenen Äste, welche die Maschine bei ihrer Fahrt durch unseren Hohlweg mit sich riss, zur Seite. Äpfel fielen von den Bäumen, sodass die Begleiter ihre Köpfe schützen mussten. Wegen des Maschinenlärms liefen die Hühner und Gänse in alle Richtungen auseinander. Der Hund verkroch sich in seine Hütte und winselte vor Angst. Der Besitzer der Maschine, ein guter Freund meines Vaters, sorgte dafür, dass alles gut vorbereitet wurde. Er zog eine große, dicke dunkelgraue Scheibe hervor und warf sie auf die Erde. Das Gebilde entrollte sich zu einem Flachriemen, welcher als Verbindung zwischen dem Traktor und der roten Dreschmaschine diente. Der Riemen brachte alles zum Laufen, so klapperte und schnaubte die ganze Sache, sie lebte und sogar ich bekam jetzt Angst – und die Hühner erst, die rannten noch tiefer in den Wald.

Die Männer und Frauen arbeiteten freudig im größten Staub, die Siebe zitterten und der Weizen floss in die von Mutter gewebten Säcke. Am Abend setzte ich mich auf die noch warme Treppe vor dem Haus und bewunderte das starke Licht des Traktors, das tausendmal stärker war als das von unseren Petroleumlampen.

Die Arbeiter wuschen sich am Brunnen Gesicht und Hände und gingen zum vorbereiteten Abendessen ins Haus. Im Getreidehäuschen hing eine Laterne. Ich schlich mich hinein, stieg über die kurze Leiter am hohen Kasten empor und erblickte Körner über Körner, Reichtum eingesperrt hinter dicken Brettern. Ich hielt meinen Atem an. Ich streichelte die Ernte und fühlte Glück. Ich wusste, aus dem Weizen würde Mutter viele Brote backen.

In unserer Küche befand sich auch ein Brotbackofen, der mit dem normalen Ofen verbunden war. Diesen musste Mutter erst mit viel Holz heizen, bis er heiß genug war, um die runden Laibe zu bräunen. Der Holztrog, in dem ich ab und zu den Berg hinunterflitzte, diente als Behälter zum Kneten des Teigs. Schon am Abend vorher weichte Mutter den Sauerteig ein und gab am nächsten Tag Mehl und warmes Wasser hinzu. Mit frisch gewaschenen Händen knetete sie, bis der Teig richtig glänzte. Ich holte ihr aus dem Abstellraum die runden Holzschüsseln und sie teilte den Teig in fünf Portionen auf. Mit einer flachen Holzschaufel schob sie die Teiglinge in den warmen, flachen Ofen, über dem sich eine Wölbung spannte, ähnlich der eines Kirchenschiffes. Bevor Mutter das Brot in den Ofen schob, machte sie ein Kreuzzeichen und schob drei Finger in die Mitte des Teigs.

Ich sagte oft: „Mama, nicht drei, alle fünf!"

Die Mutter, meine „Religionslehrerin", hatte mir einmal erklärt, dass die Orthodoxen sich mit drei Fingern bekreuzigen und wir mit allen.

„Es ist egal, sie sollen auch Recht haben", war ihre Antwort auf meine Forderung.

Die fertigen Brote befreite sie dann durch Klopfen von der Asche, streichelte sie leicht und trug sie in die Kammer zu einem Holzregal. Etwa drei Wochen lang zehrten wir von den

Ergebnissen eines Backtages. Mutter holte dann immer das letzte der Brote aus dem Regal, machte wieder das Kreuzzeichen und sagte trotzdem stolz: „So, meine Kinder, das frische Brot wird angeschnitten."

Ich war sogar davon überzeugt, dass es frisch war, obwohl Mutter in den Sommermonaten zuerst einen feinen Flaum mit einem Tuch wegwischen musste. Für mich war mein Leben wichtig, mein Vater und das Brot. Ich war reich, denn ich hatte keinen Hunger.

Krepppapierblumen

Ende Oktober verdrängte der Winter langsam den Herbst. Die Tage wurden kürzer und der kalte Schneeregen verdunkelte den Himmel. Trotz des schlechten Wetters nahm meine Mutter zum ersten Mal in diesem Jahr die Handsäge und marschierte damit zur Tanne. Sie stieg auf die Holzleiter und schnitt mit viel Mühe zwei Äste ab.

Zurück im Haus, entfernte sie die Zweige von den Ästen und bog zwei Haselnussstangen zu einem Reifen. Die kleinen Tannenzweiglein band sie daran fest. Von einer Krepppapierrolle schnitt sie Streifen ab und formte weiße Papierblumen, die sie kunstvoll an den Kranz band. Nach getaner Arbeit säuberte sie ihre Hände an ihrer blauen Schürze und begann zu weinen.

„Ihr zwei tragt diesen Kranz morgen zum Grab eurer Schwester. Morgen gehen alle an die Gräber, um die dort Liegenden zu besuchen", sagte sie und wischte sich die Tränen aus dem Gesicht.

Tags darauf, nach dem Mittagessen, zogen wir wärmere Kleidung und die fast wasserdichten Gummistiefel an und machten uns ohne zu jammern allein auf den fünf Kilometer langen Weg. Der Schneeregen weichte die Erde auf und diese klebte in dicken Batzen an unseren Sohlen. Der Wind peitschte den Regen vor sich her. Mutters Kunstwerk war so schnell zunichte gemacht. Die Papierfetzen klebten am ganzen Gebinde und die Zweige fielen aus dem Haselnussring, so wurde der Kranz immer dünner und gab ein armseliges Bild ab. Wenn ich ihn trug, hing er über meiner Schulter, wobei er gleichzeitig gegen meine Gummistiefel klopfte. Die Nadeln fielen in den Schaft und piksten mich an den Fußsohlen. Meine Schwester war einen Kopf größer als ich, so trug sie ihn längere Zeit und ich hüpfte neben ihr her und erzählte ihr die Geschichten, die mir der alte Jakob beim Hüten der Schweine erzählt hatte.

Nach zwei Stunden erreichten wir den Friedhof mit den zwei Tannen, unter denen das Grab der Schwester lag. Wir legten den traurigen Kranz ganz vorsichtig ab, damit er ja nicht noch mehr beschädigt würde, wobei nicht mehr viel von ihm übrig war. So standen wir nun in der weichen Erde und versuchten zu beten. Die anderen Friedhofsbesucher sammelten sich bei dem großen Kreuz, an dem sogar ein Körper aus Holz hing. Ich bekam Angst, denn manche fielen auf ihre Knie. Meine Schwester tat es ihnen gleich, doch ich blieb stehen. Der Morast hätte meine Strümpfe nass und schmutzig gemacht. Mir war nicht klar, warum ich hätte knien sollen, ich hatte doch nichts Böses getan, anders als damals, als ich auf den Maiskörnern knien musste. Die Menschen beteten „Kügelchenzählung" und auch wieder diese unheimlichen Jesusgeschichten. Wir standen allein, das große Kreuz besuchten wohl nur die, welche den Gott besser kannten. Wir zwei waren Kinder eines „Kommunisten". Ich wusste damals nicht viel von diesen Buchgebeten, aber ich sprach meinen Gott mit „Sie" an, so wie meine Eltern, und das machte mir Freude.

Mit großer Mühe befreite ich meine Stiefel von der nassen Erde und stampfte in den anderen Teil des Friedhofs. Meine Schwester folgte mir. Hier war es menschenleer und auf die Kreuze und Grabsteine hatte wohl der Kyrill geschrieben.

„So ein Unsinn", dachte ich, „alle liegen in der gleichen Erde, sprechen die gleiche Sprache, und doch sind sie hier für sich. Meiner Meinung nach haben die beiden Brüder, als sie die Kirchen trennten, nichts Gutes getan."

Ganz lautlos und halb erfroren schlichen wir aus dem vergessenen Friedhof und gingen nach Hause.

Winter

Diese Jahreszeit war früher doppelt so lang und kalt, denn unsere arme Kleidung war der kalten Zeit gar nicht angepasst, aber wir gewöhnten uns an die Kälte. Der Herbstregen ging in Wind über und brachte Ende Oktober den ersten Schnee. Unser Haus war kaum noch zu entdecken, dort zwischen Wald und Wiesen. Der Schnee lag teilweise bis zu einem Meter hoch, so waren wir oft im Tal gefangen, und in diesen Zeiten krank zu werden war ein großes Risiko. Nur Mutters bittere Kräutertinktur konnte uns dann helfen.

Der Ziegelofen war damals unser bester Freund; obwohl er eine Menge Brennholz fraß, liebten wir ihn trotzdem. Die Winterabende nutzte Mutter für Webarbeiten: Sie setzte sich neben den Esstisch, drehte die Petroleumlampe auf, zog das Spinnrad zu sich und formte aus dem Bündel Flachs den dünnsten Faden, den ich je gesehen habe. Ich saß mit meiner Schwester im Bett, mit warmen Ziegelsteinen unter den Füßen, und schaute der Weberin zu.

Die hellen Strahlen der Lampe berührten zärtlich ihr Gesicht, das sehr ernst und müde wirkte. Meine Adleraugen entdeckten sogar die feinen Härchen auf ihrer Haut und die Falten um ihren schmalen Mund. Ich fand sie wunderschön und ich bewunderte sie, diese Frau, die so viel konnte und die den ganzen Tag und auch am Abend noch arbeitete.

Sie bewegte das Spinnrad durch ein Holzpedal, das sie regelmäßig trat. So entstand ein für mich wohltuendes Geräusch, das wie eine Melodie klang und wodurch ich ein Gefühl der Geborgenheit bekam und meine Sorgen und Schwierigkeiten vergessen konnte. Diese sorglosen Stunden waren schnell vorbei, als es Zeit wurde, schlafen zu gehen, und die Katzen den warmen Ofen oder unser Bett verlassen mussten. Ich wusste sofort: Der Katzenkampf geht gleich los! Vater nahm den besten Platz in der Küche ein und die Vorstellung begann.

„Sind die Katzen schon draußen oder vielleicht bei euch im Bett?", rief die Mutter und blickte bereits seitwärts zum Besen, der hinter der Tür stand.

„Die schlafen schon alle auf dem Dachboden", antwortete ich schnell, um die Katzenfeindin zu beruhigen.

„Na gut, das muss ich aber trotzdem noch überprüfen."

Sie machte drei Schritte, nahm den Besen, öffnete die Tür zur Abstellkammer, stampfte mit ihrem Holzpantoffel auf den Lehmboden und die Katzen flogen nur so vom Ofen runter. Sie konnten gerade noch die Kurve kratzen und liefen die Holztreppe hinauf auf den Dachboden.

„Einer muss noch in der Küche sein …", murmelte sie und klopfte mit dem Besen unter dem Bett.

Meine Schwester hatte einen alten Kater, den sie über alles liebte und den sie unter der Bettdecke versteckte. Mutter klopfte mit dem Besen auf unser Federbett und der Kater lief den gleichen Weg wie seine Genossen.

Nachdem in dieser Winternacht wieder Ruhe eingekehrt war, stand die Schwester auf, öffnete die Tür der Abstellkammer und flüsterte leise: „Nino, Nino, komm runter, die böse Frau ist schon im Bett."

Geduldig wartete sie, bis der Kater tatsächlich dahergetrottet kam. Er sprang ganz geräuschlos ins Bett und sie nahm ihn in Besitz. Der alte Kater machte es sich bequem und schlief in ihren Armen ein.

Meine Eifersucht und mein Neid wuchsen, und um den Lieblingskater zu bekommen, versuchte ich es erst auf die nette Art, aber die Katzenbesitzerin protestierte schwer. Jetzt war „meine Methode" gefragt: Erpressung.

„Wenn du mir Nino nicht sofort gibst, dann rufe ich ganz laut die Frau mit dem Besen …"

Während ich noch nicht alles ausgesprochen hatte, schob sie den Kater auf meine Seite des Bettes und kapitulierte.

Da lag ich, mit dem haarigen Bündel, und hörte dem Knistern des Ofens zu, dessen Lichter durch die Risse in der Platte an der Holzdecke tanzten. Eine Weile noch tanzten sie, doch der Ofen kühlte ab und der unsichtbare Feind, die Kälte, übernahm unsere Küche. Die Kälte kroch unter der durchlässigen Tür und den undichten Fenstern herein und kam aus dem Lehmboden. Alles erstarrte. Das Licht des Wintermonds breitete sich in der Küche aus und seine Helligkeit erleuchtete alles im Zimmer. Die strenge Kälte schlich sich heran und machte sich an die Arbeit, als wir schliefen: Sie färbte unsere Haare weiß, das Wasser im Kübel bekam eine Eisplatte. Dann ging sie leise zum Fenster und wie ein Künstler mit einem Pinsel malte sie schöne Blumen und Blätter auf die Glasscheibe. Sogar die blechernen Fensterscharniere wurden weiß und der einfache Rahmen machte die Bilder noch schöner. Nach getaner Arbeit kroch der kalte Besucher wieder lautlos unter der Tür hinaus.

In der Früh fühlte ich wieder an meiner Uhr, klopfte meine Haare aus, machte die Lampe an und stand da mit meinen Minusgraden. Die Bemalungen machten die Fenster bis Mittag undurchsichtig, und erst als der Ofen wieder die Macht übernahm, tropfte alles runter und Mutter wischte es mit einem Tuch weg, sodass am Abend der nächste Künstler sich betätigen konnte.

So stampfte ich dann den Weg durch die verschneite Landschaft, hinunter zur Schule.

Der Geburtstag des kleinen Gottes

In unserer Küche an der Wand hing ein Kalender. Alle Monate waren auf einen Blick zu sehen – den letzten mochte ich am liebsten. Er war der kälteste, sein Schnee schmückte die Bäume, die sich unter der Last bis zum Boden bogen. In unserem Garten wuchs ein Baum, der auch im Winter grüne Nadeln hatte – ein Tannenbaum. Der schöne Baum gedieh am Wegesrand und bekam zweimal im Jahr Besuch.

Am 24. Dezember, eine Woche bevor das neue Jahr begann und wieder ein neuer Kalender an der Küchenwand Platz nahm, holte Mutter die scharfe Handsäge und eine Holzleiter und stieg die zwei Meter bis zu den Ästen hinauf und schnitt einen Zweig ab. Sie schleppte das stachelige Gestrüpp in unsere warme Küche und legte es vor den Holzofen auf den Boden. Der Schnee taute von den grünen Nadeln, und es verbreitete sich ein wunderbarer Duft. Der Lehmboden saugte das Schneewasser auf – da lag er, unser Christbaum. Das war jedes Jahr eine große Freude. Ich sah den Tannenzweig vor dem Ofen liegen und wusste, die kommenden Tage können nur gut sein. Es war die Zeit, in der es mitten in der Woche Gänsebraten gab – und Hühnersuppe, obwohl niemand krank war. Meine Mutter nahm eine Schnur, befestigte sie an den Zweigen und hängte sie mit großer Mühe an einen Eisenhaken über den Tisch. Wie er da so hing, tropfte es noch immer von seinen Nadeln. Das Wasser bildete kleine Pfützen auf dem Tisch. Der Tisch war aus dicken Brettern gefertigt und die Zeit grub sichtbare Rillen in das Holz. Mit meinem Finger leitete ich das Wasser durch diese Rillen, während ich fragte: „Mama, warum feiern wir den kleinen Jesus heute und meine Freundin zwei Wochen später im Januar? Ist ihr Gott ein anderer Gott als unserer?"

Mutter rupfte die Federn von der Gans und schwieg. Sie dachte nach und sagte: „Vor vielen Jahren lebten zwei Brüder, Kyrill und Method. Kyrill vertrat den orthodoxen und Method den katholischen Glauben. Daher kommen auch die kyrillische und lateinische Schrift, und sie zählen die Tage nach einem anderen Kalender."

Ich wusste genauso viel wie vorher, sagte aber nichts und freute mich auf den Abend.

Am frühen Abend zog Mutter eine leere Schachtel hervor – die Schachtel, in der sie die neuen Gummistiefel aus der Stadt mitgebracht hatte – öffnete sie vorsichtig, wobei der Gummiduft in meine Nase stieg, und sagte: „Hier drin sind eure Geschenke, die wir an den Christbaum hängen. Am 6. Januar, wenn die Orthodoxen den Geburtstag des kleinen Gottes feiern, sammeln wir die Süßigkeiten vom Tannenzweig, und ich werde alles gerecht auf euch beide aufteilen."

Der Inhalt dieser Schatzkiste aus Pappe waren Walnüsse, Äpfel und diese in Papier und silbern glänzende Farben eingewickelten Bonbons, die man alle aufhängen konnte. Und unser Geschenk war auch die nackige Gans, die in einer mit weinrotem Emaille beschichteten Bratenform lag – ihre dicken, leicht blauen Schenkel ragten unter einem Tuch hervor.

Am Abend erstrahlte der behängte Ast im Schein der Petroleumlampe. Einen großen Korb Stroh schob die Mutter unter den Tisch mit den Worten: „Der Jesus ist im Stroh geboren. Als Zeichen dafür bleibt das Stroh zwei Wochen hier stehen, und untersteht euch, es in der Küche zu verteilen!"

Wir gehorchten der Mutter, allerdings nicht die Katzen.

Zwei Wochen sollte ich also warten, bis ich die Süßigkeiten bekommen würde. Der 24. Dezember war bei uns ein Fastentag. Wir aßen wenig und auf keinen Fall Fleisch. Erst am Weihnachtstag kam die Gans an die Reihe.

Um Petroleum zu sparen, gingen wir früh ins Bett. Mutter legte Brennholz in den Ziegelofen und ging ins Schlafzimmer. Meine Schwester und ich schliefen in der Küche. Ich machte es mir unter dem Federbett bequem und dachte über den Tag nach, während ich zu dem Tannenast hinaufsah, der vom Licht, das durch die gebrochene Ofenplatte aus dem Ofen kam, beleuchtet wurde. Meine Ohren lauschten dem Knistern im Ofen. Ich versuchte zu schlafen, aber meine Augen gingen nicht zu. Sie wanderten immer wieder zu unserem reich behängten Christbaum und blieben an diesen bunt eingewickelten Bonbons hängen. Die Katzenfreundin schien schon tief und fest mit ihrem Nino zu schlafen. Das interessierte mich gar nicht.

Was hatte Mutter gesagt? Zwei Wochen waren es. Wie lange waren noch mal zwei Wochen?

In ihrem Religionslehrerinnenton hatte meine Mutter gesagt, dass der kleine Gott am 24. Dezember geboren wurde. Von Geburtstagen wusste ich gar nichts, meiner wurde nicht gefeiert, nur Vaters Namenstag am 23. April, und am 25. Mai hatte Tito Geburtstag – das war ein Fest! Wir mussten in der Schule Lieder singen und einen Raum mit buntem Papier schmücken. Dass auch ich einen Geburtstag hatte und man ihn feiern konnte, das wusste ich noch nicht.

„Am Geburtstag muss man doch feiern, nicht fasten. Ob Gott was dagegen hat, wenn ich ohne Erlaubnis der Religionslehrerin ein Bonbon von dem für Gott vorbereiteten Baum esse?"

Das Wasser lief mir im Mund zusammen bei der Vorstellung, wie wohl die bunten Bonbons schmecken würden. Ich wollte es gar nicht, aber meine Füße gingen von selbst, stiegen auf den Stuhl, dann auf den Esstisch und erreichten das Paradies.

Wie er leuchtete, der Zweig!

Noch nie hatte ich mich so glücklich und frei gefühlt – ganz allein, barfuß auf dem Esstisch stehend, vor mir ein lateinischer Christbaum, der duftete und strahlte – eben wie im

Paradies. Meine flinken Finger befreiten das Bonbon von dem silbernen Papier und schoben es in den Mund. Ein fantastisches, süßes Gefühl breitete sich in meiner Mundhöhle aus – das war meine Heilige Nacht.

Fast jeden Abend, nachdem alle schliefen, besuchte ich den Baum und feierte den Geburtstag Gottes bis zu dem Abend, an dem der kyrillische Gott geboren war und Mutter den Baum von seinem Eisenhaken holte. Alles lag auf dem Tisch ausgebreitet. Meine Schwester konnte kaum still sitzen vor Freude. Ich wusste nicht, wo ich hinschauen sollte, und hatte gleichzeitig Angst, mein unruhiger Blick würde mich verraten. Da hörte ich die Worte meiner Schwester: „Mama, Mama, in dem bunten Papier sind keine Bonbons, sondern Brot!", rief sie und fing an zu weinen.

Ich rannte zur Haustür, öffnete sie und sprang mit einem großen Satz von der Ziegeltreppe in den einen Meter tiefen Schnee. Nur mein Kopf ragte heraus und mit den Händen machte ich Bewegungen wie ein fliegender Vogel.

„Komm du nach Hause, dann kannst du was erleben!", schimpfte meine Mutter und ließ die Haustür ins Schloss knallen.

Mit Mühe kletterte ich aus dem tiefen Schnee, schlich zurück in die Küche, stand da wie „Väterchen Frost" und wartete ab. Die Mutter schaute mich böse an, warf eine Hand Maiskörner auf den Lehmboden hinter der Tür und befahl mir, mich hinzuknien. Ohne Widerworte kniete ich mich auf die Körner und nahm meine Strafe an, während der Besen mich regelrecht angrinste.

Die Richterin war zufrieden mit ihrem Urteil und bereitete das Abendessen, während die Verurteilte die Körner zur Seite schob und weiter hinter der Tür kniete. So brachte der Januar den Serben ihr Weihnachtsfest. In Titos Jugoslawien Anfang der 1960er Jahre feierte jeder heimlich seine Feiertage. Sogar mein Vater, der Kommunist, feierte mit und wurde angesichts des guten Gänsebratens gläubig.

Die Macht über den Webstuhl

Die Kunst des Webens beherrschte meine Mutter bis zur Perfektion: Sie konnte diese Vielzahl an Fäden im Gedächtnis behalten und berechnete alles, ohne Stift und Papier, nur im Kopf. Einen ganzen Tag benötigte sie, bis der Webstuhl zum Weben bereit war, und sie freute sich und prüfte stolz ihre Arbeit. Besagter Webstuhl stand von Herbst bis Frühjahr mitten im Zimmer und nur die Mutter beherrschte diese Kunst.

Den Stuhl hatte mein Vater zur selben Zeit gebaut, als auch der Kirschbaumschrank entstand – ein wunderschönes Stück aus glatt gehobelten Balken, Brettern und auch einer Sitzbank, die glatt und abgenutzt war. Diese ganzen Teile wurden mit Holznägeln verbunden – ein Eisennagel hatte hier keinen Platz –, und so war die kleine Holzfabrik perfekt.

Seit ich denken konnte, wiederholte sich dieser Rhythmus und die Weberin bereitete jeden Herbst ihre Winterarbeit vor. Jahrelang schaute ich der Mutter zu und bewunderte ihr Können: Sie bewegte geschickt ihre Hände und ihre Füße tanzten auf den Holzpedalen, die an dicken Stricken hingen und mit der Fadenarbeit verbunden waren.

„Was für eine kluge Frau!", dachte ich mir und hörte der Mutter gerne zu, wie sie aus diesem Webstuhl durch ihr Können und ihre Arbeit eine Melodie zauberte.

„Mutter, ich bitte Sie, erlauben Sie mir, das Weben zu probieren? Ich sehe schon so lange zu und ich will es auch versuchen."

„Du bist recht klein und deine Beine müssen noch länger werden. Vielleicht im nächsten Herbst", vertröstete sie mich.

Mein Respekt vor der Mutter war genauso groß wie vor dem Webstuhl – niemals hätte ich ihn ohne ihre Erlaubnis angerührt. Ich musste also noch warten.

Dann kam der Tag, an dem ich die gesamte Vorarbeit gemeinsam mit der Mutter machte. Ich gab mir die größte Mühe, sprach ihre fremden Wörter, die man nur bei den Vorbereitungen sprach, aber perfekt. Da bemerkte ich, wie sie mich heimlich bewundernd ansah. Der Webstuhl war wieder bereit und Spannung lag in der Luft. Die Künstlerin setzte sich und im Nu bewegte sich das Webschifferl hin und her. Sie strahlte und ihr Glück war unbeschreiblich.

„Mutter, wenn ich mich auf den Lehnstuhl setze, dann berühren meine Beine den Boden. Ich bin gewachsen", freute ich mich und wollte ihre gute Laune ausnutzen.

„Ja, du hast recht, es kann vielleicht sein, dass du die Pedale mit den Zehenspitzen in Bewegung setzen kannst."

„Sie hat ‚vielleicht' gesagt – das heißt für mich ‚Ja'", dachte ich mir und hielt meine Aufregung mit ganzer Kraft zurück.

Nach einiger Zeit ging sie in die Küche, um das Essen vorzubereiten, und ließ mich ohne ein Wort allein im Zimmer zurück. Ich überlegte keine Minute und sprang mit einem Satz auf die Bank des Webstuhls. Ich nahm das Holzschifferl, trat mit den Zehenspitzen auf die Holzpedale und das Spiel begann. Wie eine Wahnsinnige drückte ich die noch warmen Holzlatten; meine Hände schickten das Schifferl mit dem Faden hin und her – immer schneller sauste es durch die Fäden. Der feine Stoff wurde mit einer Holzgabel gespannt und wuchs immer nur um Millimeter. Nebenbei hörte ich langsam eine Melodie. Durch die Anstrengung meines kleinen Körpers erreichte ich fast die gleiche Webstuhlmelodie wie die Mutter. Sie hörte meinen Erfolg und mit einer warmen Hand berührte sie meine Schulter.

„Sie liebt mich, das Getreidesieb-Kind, doch!", dachte ich und spielte stolz ihre Melodie weiter. Ich hatte ihre Liebe verdient.

„Was für ein Erlebnis!", dachte ich mir.

Mein Gesicht glühte, als säße ich nah an einem Lagerfeuer,

und meine struppigen Haare tanzten im Takt der Webstuhl-melodie. Meine Mutter ging leise zurück in die Küche. Ihr Vertrauen zur mir und in meine Arbeit war für mich greifbar. Eine Weile webte ich allein im Zimmer, dann hielt ich den Webstuhl an und ging raus in den Wald. Die Bäume, meine Freunde, schauten mir neugierig zu, sie wussten Bescheid, sie kannten mich, das Waldkind. Ich ging vorsichtig über das gefallene Laub – alle, wirklich alle spürten eine Veränderung: „Sie wird geliebt und sie kann weben wie die Mutter!"

Schweinegeburt und Hühnertod

Jedes Jahr im Frühjahr füllten die Eltern saubere Flachssäcke mit kostbaren Weizenkörnern, trugen sie auf den strohbedeckten Pferdewagen, deckten sie nochmals behutsam zu, nahmen einen Korb voll Heu und fuhren in die Stadt in eine große Mühle. Meine Schwester und ich blieben allein zu Hause und mussten auf alles gut aufpassen und die Tiere versorgen – außerdem war eine Sau ziemlich rund und kurz davor zu werfen.

„Passt gut auf die Schweine auf und vor allem auf die trächtige Sau!", rief meine Mutter uns zu und verschwand samt Vater und Pferdewagen.

Ich ging in den Schweinestall und kletterte auf einen Balken, um die Sau zu beobachten. Diese große, schwarze baldige Mutter ging hastig im Kreis herum und baute sich ein Strohnest. Nach kurzer Zeit musste ich feststellen, dass die Geburt unmittelbar bevorstand. Mit aller Kraft drückte ich die Tür auf, die Klammer sprang aus der Öse und in dem vier Quadratmeter großen Raum aus Holzbrettern und mit scharfem Geruch schaute ich der Sau in die Augen. Das große und über 100 Kilo schwere Tier legte sich in das gemachte Nest, und da kam auch schon das erste Ferkel in einem durchsichtigen Ballon zur Welt. Das neue Leben zappelte im Stroh. Ich kniete mich hin, befreite es mit meinem kleinen Finger aus der Gefangenschaft und legte es zur Seite. Meine blutigen Hände hielt ich gespreizt und steif am Körper entlang und wartete auf die nächste Geburt.

Eine Wärme und Freude ging durch mich, sie überstieg alles, was ich bisher erlebt hatte. Dieses kleine Schweinchen war einfach perfekt. Das schwarz-weiße Fell glänzte und nach ein paar Minuten sprang es schon lustig im Stroh herum.

An diesem Nachmittag befreite ich 13 Ferkel aus ihrem Ballon und mein Glück war nicht zu beschreiben. Sie suchten sofort die Milchquelle, die Muttersau hatte aber nur zehn Zitzen – Kampf war also angesagt.

Zwei Ferkel überlebten die Nacht letztlich nicht; das elfte Ferkel aber kämpfte um sein Leben und überlebte schließlich auch ohne Milchquelle. Es hatte Kraft und wurde noch stärker – dieses liebte ich am meisten.

Schon als Kind lernte ich, wie man Federvieh schlachtete. Meine Schwester hielt die Henne beispielsweise bei den Beinen und Flügeln fest und ich packte sie beim Hals und schnitt ihr mit einem scharfen Messer den Hals durch. Wir hielten das Tier fest, bis es ausgeblutet war, und überbrühten es dann mit heißem, fast noch kochendem Wasser, um die Federn und die Kiele problemlos aus der Haut ziehen zu können.

Meine größte Freude war es, dieses nackte Vieh aufzuschneiden und die Innereien herauszuholen. Das Herz, die Leber, die Milz, die Galle … Bloß nicht die Galle beschädigen, sonst würde alles grün werden … Den Magen wusch ich extra, schnitt ihn auf und entfernte die kleinen Steinchen, die sich darin befanden. In der Manier eines Veterinärs, jedoch ohne das notwendige Wissen, untersuchte ich jeden kleinen Fleck nach Auffälligkeiten. Der Kopf, der später mitgekocht wurde, und auch die Augen waren meine Untersuchungsobjekte. Man könnte vermuten, ich träumte davon, später Ärztin zu werden. Das Paradoxe war jedoch, dass ich selbst nicht einmal wusste, was ich da tat, geschweige denn, dass es diesen Beruf gab. Wir hatten noch immer keinen Strom und somit keine Information. Ich wusste gar nicht, dass es Menschen gab, die andere operierten und heilten. Ich bin als Kind nämlich, Gott sei's gedankt, nie so krank gewesen, dass ich zum Arzt musste.

So war mein Leben, und sonst war da nicht viel. Mein Horizont ging nicht weiter als bis zum Rand des Tals – das war
mein Reich und bestimmte mein Dasein für viele Jahre.

Mit Gummistiefeln in der Schule

Oft sagten die Leute zu mir: „Du bist das letzte Kind und so klein – deine Eltern hatten für dich kein Baumaterial mehr." Manchmal dachte ich, dass sie recht hätten, vor allem beim Sport.

Wir standen in einer Reihe und zwei Schüler durften Mitglieder für ihre Völkerballmannschaften aussuchen. Viele Namen wurden gerufen und große Kinder ausgesucht. Ich aber stand da, bohrte meine Zehen in die Gummistiefel, die mir zwei Nummern zu groß waren, hinein und dachte mir: „Wenn ich jetzt bloß diese Gummistiefel durchbohren und spurlos in der Erde versinken könnte!"

Wie in Trance hörte ich die Namen richtiger Dummköpfe, aber meinen Namen hörte ich nicht. Zum Schluss sagte eine Stimme: „Drei sind noch übrig … Ha, die eine bekomme ich! Die Kleinste kann mit diesen großen Stiefeln nicht laufen – dafür gibt's beide statt einer."

In meinem Kopf überschlugen sich die Gedanken, das Blut schoss in meine Beine. Wenn ich gute Schuhe hätte, würde ich ihnen zeigen, wie ich laufen kann. Tausende Kilometer in acht Jahren, das ist meine persönliche Leistung! Ich blieb ruhig und ging zu meiner Mannschaft.

„Was willst du hier? Du fällst noch über deine eigenen Füße!"

Ein dicker, unsichtbarer Strick legte sich um meinen Hals und ließ mir keine Luft zum Atmen. Ich sah alles doppelt, denn meine Augen füllten sich mit Tränen. Das sah niemand. Ich ließ mich vom Ball treffen, was alle amüsierte und zum Lachen brachte. Das war der Beweis, ich taugte für die Mannschaft nicht. Langsam zog ich diese schweren, verdammten Stiefel aus, ging barfuß zum Baum und setzte mich unter ihn in das dürre Gras. Ich beobachtete meine kleinen, schmutzigen, wie im Dampf gegarten Füße: Meine Stiefel waren in diesem Moment mein Gefängnis. Andere Kinder liefen auch gut mit ihnen, doch meine waren mir zwei Nummern zu groß und ein riesiges Hindernis für mich.

Der unsichtbare Strick um meinen Hals gab nach und kurz nach dem Spiel gingen wir wieder in die Klasse. Hinter mir saß ein großer Junge, der ein Gedicht auswendig aufsagen musste. Er war dumm und flüsterte mir zu: „Komm, sag mir leise ein!"

Oh nein, dachte ich mir, bei dem Spiel wolltest du meinen Namen nicht nennen, jetzt bin ich auch stur. Diese Ungleichheit erlebte ich sehr oft, aber durch mein fleißiges Lernen wurde sie immer kleiner. Intelligenz war schließlich wichtiger als Größe und Stärke.

Im Sommer und im Herbst lief ich barfuß. Meine Füße waren eine wahre Freude für die dürren Dornen, denn die bohrten sich gerne in meine Fersen und Entzündungen standen auf der Tagesordnung. Mit einer Nähnadel bohrte ich die Dornen raus und lief weiter. Diese wertvollen Füße trugen mich, ob in Sandalen oder Gummistiefeln – mit niemandem hätte ich tauschen wollen.

Meine Beine waren ziemlich dürr, die Stiefelschäfte hingegen ziemlich breit. So tanzten die Stiefel um meine Beine und oft schlug mich der Rand sogar blutig. Daher krempelte ich beide Schäfte um, damit sie sich ruhiger an meinen Beinen verhielten. Mutter kaufte diese Stiefel in der Stadt und machte mir fast jedes Jahr eine große Freude, aber die richtige Schuhgröße traf sie nie.

„Diese doofen Stiefel passen meiner drei Jahre älteren Schwester und nicht mir!", beschwerte ich mich – ohne Erfolg.

Ich war dazu verurteilt, zwei Jahre mit diesen Ungeheuern herumzustolpern und voranzukommen.

„Schieb den Fuß nach vorne!", befahl meine Mutter. Ach du Heiliger, sie schob ihre Faust in den Stiefel und landete neben meiner Ferse.

„Ich habe einige alte Fetzen. Die stecke ich dir in die Stiefelspitze und mach sie dir so kleiner!", versuchte sie mich zu beruhigen.

Wie gerne hätte ich diese schwarzen, plumpen Monster zum Fenster hinausgeworfen, aber mein Respekt gegenüber meiner Mutter war zu groß. Sie trug oft 100 Eier oder Sachen aus dem Garten in die Stadt zum Verkauf, um für mich diese „guten" Stiefel kaufen zu können. Ich war ihr dankbar, sonst müsste ich mit löchrigen und defekten Tretern über Wiesen und durch Wälder laufen.

Klein, arm, zu große Stiefel und keine Chance weiterzukommen, nur die Liebe meines Vaters gab mir Kraft und Nahrung zum Wachsen. Ich wusste, wenn er Kinder für eine Mannschaft auswählen müsste, mein Name wäre der erste, den er nennen würde. Das gab mir Mut und ließ mich stark bleiben. Ich betete als Kind und bei dem Wort „Vater" verglich ich Gott mit meinem Papa – so konnte ich Gott lieben lernen.

Ein paar Tage später vergaß ich meine Erniedrigung und versuchte freundlich und ruhig zu bleiben, bis der nächste Schlag mich wie ein Bumerang traf.

Der Lehrer

An unserer Schule hatten wir einen Lehrer, der die Wut in ihrer reinsten Form in sich trug und ihr auch gelegentlich Freiheit schenkte. Er trug uns auf, eine längere Geschichte auswendig zu lernen. Ich gab mir viel Mühe, saß auf meinem hohlen Baumstumpf und lernte stundenlang. Ich war mir sicher, dass ich sie könne. Am Tag der Prüfung aber machte ich vier Fehler, doch andere Kinder machten noch mehr. Der Lehrer holte uns acht Kinder nach vorne vor die Klasse und ließ uns aufsagen, wie viele Fehler wir gemacht hatten, auch wenn er es genau wusste. Diese Niedertracht war mir noch bewusster, als er von mir die Zahl der Fehler noch einmal verlangte. Ich kam mir so wertlos und ausgeliefert vor, ein unerträglicher Zustand.

Ein Mädchen sagte, sie hätte 13 Fehler gehabt. Der Lehrer bekam kleine Augen, die nur mehr Schlitzen glichen, und sein Gesicht wurde regelrecht grün. Er nahm den Zollstock und schlug dem Mädchen auf die Handflächen – 13 Mal biss sie die Zähne zusammen und hielt es durch. Sie weinte und ging auf ihren Platz zurück. Manche Kinder weinten schon vor der Abrechnung. Und auch ich kam an die Reihe. Ich streckte ihm meine kleinen Handflächen entgegen und lieferte mich selbst aus. Ein Zustand, welchen ich zum Glück nur einmal in meinem Leben durchmachte. Der zornige Mann schaute mich an, doch er blickte mir nicht in die Augen. Er holte aus und ließ den Stab auf meine Handflächen hinuntersausen. Ein feuriger Schmerz fuhr durch meine Arme. In dem Moment wünschte ich dieser Person das Schlimmste auf der Welt.

Mit hängenden Schultern ging ich zu meiner Schulbank, setzte mich hin, aber weinte nicht. Mein Herz schlug wahnsinnig – nie in meinem Leben hatten mich mein Vater oder meine Mutter geschlagen, aber der dürre Mensch, der von Hass ganz zerfressen war, schlug meine kleinen Hände. Die Enttäuschung war mir anzusehen, niemand mochte diesen Lehrer. Schließlich wurde alles bekannt und kurze Zeit später wurde er in eine andere Stadt versetzt, in die er seine Bosheit mitnahm.

Mein Heimweg kam mir an diesem Tag viel länger vor als sonst. Ich trug meine Bücher in einer Tasche auf dem Kopf, denn meine Handflächen brannten stundenlang. Wie ein angebrochener Ast schleppte ich mich durch den Wald und über die Wiesen. Ich erzählte es aber niemandem, denn ich schämte mich, dass ich vier Fehler gemacht hatte.

Kommunion in strengster kommunistischer Zeit

Jedes Jahr am 2. August feierten die orthodoxen Christen den heiligen Ilias. Dieses Fest wurde vor allem von den Serben gefeiert, doch wir Katholiken machten auch gerne mit. Mitten im Dorf, nahe bei der Kirche, sammelten sich Scharen von Menschen. Alle waren präsent – ob jung, ob alt, aus allen Richtungen kamen sie. Zur damaligen Zeit besaß niemand ein Auto. So sah man Pferdebesitzer mit stolzen Tieren und tollen Kutschen und auch solche mit einfachen Wagen.

Am Nachmittag zogen wir unsere Festgewänder an – meine Schwester und ich natürlich den gleichen geblümten Rock mit einem breiten Saum, sodass das Kleidungsstück mit uns wachsen konnte. So gingen wir zum Fest. Der heiße Staub brannte uns an den Fußsohlen, die Sandalen trugen wir in der Hand, ebenso ein Taschentuch, in das ein paar Dinar eingewickelt waren, von denen wir uns später Bonbons oder Zuckerstangen kaufen konnten. Wir blieben oft stehen und aßen die saftigen Brombeeren, die am Wegesrand wuchsen. Der Weg durch das Dorf war mir schon bekannt – den ging ich auch in die Schule –, aber so ein Fest hatte ich noch nie gesehen.

Um die orthodoxe Kirche sammelten sich Hunderte Menschen, die Sonne brannte auf uns hinab, der Staub tanzte mit dem Wind und die Musik machte alles erst so richtig lustig: Männer und Frauen bildeten einen Kreis und tanzten wie die Wilden, während die Musikanten den Ton angaben – mit Geige, Gitarre, Bass und Ziehharmonika. Ich schaute den Tänzern und den Musikern interessiert zu.

Von einem Hügel aus erblickte ich eine merkwürdige Maschine, die einem nur karg mit Ästen versehenen Baum glich.

An diesen Ästen hingen Ketten, an deren Enden Holzstühle ohne Beine befestigt waren. Eine mir unbekannte Kraft drehte diesen „Baum" und er drehte sich schneller und schneller und die Ketten flogen höher und höher. Auf den Stühlen saßen junge Männer und flogen wie Vögel schreiend durch die Lüfte. Man sagte zu diesem lustigen Etwas ganz einfach „Ringelspiel". Als das Karussell stehen blieb, stiegen alle aus, manche fielen um, andere liefen zur Seite und übergaben sich.

„Ein komisches Volk!", dachte ich mir, verabredete mit meiner Schwester einen Treffpunkt und ging weiter allein auf Entdeckungsreise.

Meine Sandalen zog ich dabei auf meine komplett schmutzigen und staubigen Füße und stolzierte durch die Menschenmenge. Ich wurde auf eine Kirche aufmerksam und ich sah, dass die Eingangstür einen Spalt offen stand. Meine Füße trugen mich fast wie von fremder Hand gesteuert dorthin und ich vernahm ein komisches Gemurmel, das nach draußen drang, was meine Neugier wachsen ließ. Mit viel Mühe drückte ich die Tür weiter auf, wobei sie fürchterlich quietschte und ich beinahe in den Kirchenraum hineinfiel. Ich begann sofort zu husten, da die Luft in der Kirche voll dickem Rauch hing – dieser berauschende Geruch haute mich fast um. Durch den Qualm sah ich merkwürdige Menschen: Frauen mit schwarzen Kopftüchern, die nach hinten zusammengebunden waren, außerdem etliche ältere Männer ohne Kopfbedeckung, ebenso ziemlich dunkel gekleidet. Durch den Rauch, der nach Honig roch, flimmerte das Kerzenlicht und der Wachsgeruch zog langsam zu mir.

Mein Herz stieg mir bis in den Hals und trotz des heißen Sommers dachte ich, ich stünde in einem Kübel mit kaltem Wasser. Wieder hinauszugehen war unmöglich für mich. Durch die kleinen Fenster drangen die Strahlen der Nachmittagssonne. Die Sonne, mein Freund, in diesem unbekannten Raum? Mein Verbünderter im Kampf mit dem Rauch. Ich drückte meine Augen fest zu und sah durch die Wimpern noch mehr Strahlen in allen erdenklichen Farben, alles bunt und schön. Wie in Trance bewegte ich mich in Richtung der Sonnenstrahlen, doch die Flucht gelang mir nicht, denn eine alte Frau versperrte mir bereits den Weg. Sie lächelte mich an und ich blickte in einen zahnlosen Mund.

„Bleib ruhig hier, mein Kind!"

Beschämt blickte ich zu Boden und – oh Wunder – entdeckte wieder etwas Neues: Ich stand das erste Mal in meinem Leben in einer Kirche auf einem Boden aus bunten Steinen. Kein Lehmboden wie in unserem alten Haus. Die Menschen, die diese Kirche gebaut hatten, malten die grauen Steine mit blauer und dunkelroter Farbe an, alles war so glatt und sauber … Ich sah meine schmutzigen Zehen, wie sie aus den Sandalen ebenso beschämt wie ich hervorlugten, und versuchte, mich etwas zurechtzumachen: Mit verschwitzten Händen strich ich über meinen Rock und versuchte andächtig und ernst zu schauen.

Diese Kirchengänger machten ständig Kreuzeichen – endlich etwas, das ich auch konnte. So machte ich fröhlich mit, sogar mit den Fingern. Sie murmelten ein sehr undeutliches *Vater unser* – auch das konnte ich. In diesem Moment wusste ich allerdings noch nicht, dass ich eigentlich gar nicht zu diesen Gläubigen gehörte. Ich fühlte mich geborgen und aufgenommen.

Ein großer, vollbärtiger Mann in einem schwarzen Gewand war der Chef. Er hielt ein Gefäß in der Hand, an dem eine Kette befestigt war, und schwenkte damit hin und her, wobei immer wieder Rauchschwaden herausstiegen. Mit schöner Stimme sang er, der Herr solle mit uns Mitleid haben, wir sollten beten und immer wieder zu Gott beten. Und ständig rief er „Amen, Amen, Halleluja". Jetzt begriff ich, woher der Geruch kam – aus dem goldenen Gefäß. Ich vergaß alles um mich herum, denn es gab hier so viel zu entdecken – eines meiner liebsten Hobbys und eine meiner größten Süchte. An den Wänden hingen wunderschöne Bilder, Porträts eines Mannes, der dem Mann ähnelte, der bei uns in der Abstellkammer hing. Seine Jacke war geschlossen und er schaute streng und ernst von dem Bild auf mich herab. Sein Gesicht war von dickem Haar und Vollbart umhüllt. In keinem Detail erblickte ich meinen Jesus, der in unserer Abstellkammer hing – es war eben ein orthodoxer Jesus, dem Popen sehr ähnlich. Eine dunkle Gestalt und eine neue Entdeckung, vor der ich mich doch fürchtete. Das dachte ich bei mir und hörte aufmerksam zu, was der Pope erzählte. Nach einigen Minuten verschwand er und kam mit einem glänzenden Gewand samt großem Umhang wieder zurück. Ich hielt in meinen Gedanken kurz inne und dachte an meine Mutter, denn sie hatte etwas Ähnliches – ein großes Wolltuch, das sie über ihren Schultern trug und mit dem sie genauso umhüllt war wie der Pope. Im Nu war ich wieder in meinen Gedanken versunken und ging noch einen Schritt näher. Ich sah einen jüngeren Mann, der einen Korb mit kleinen Brotstücken darin in seinen Händen hielt und ihn an den glänzenden Mann übergab. Mit einer unglaublichen Würde fing dieser an, das Brot zu verteilen. Nun ging ich langsam zurück, aber die alte Frau lächelte mich wieder an – eine Flucht war unmöglich. Ich gehöre aber nicht dazu … Wieder diese Gedanken, aber zu spät. Der Mann mit Vollbart beugte sich über mich, streckte seine gepflegte weiße Hand aus und ich sah ein quadratisches Stückchen Brot. Dieser feine Mensch, ein serbischer Pope, blickte mir in die Augen, und in diesem Moment entdeckte ich unter seinem Bart ein leichtes Lächeln, als ob er wüsste, wer ich bin.

„Unmöglich!", dachte ich, nahm es wortlos aus seiner Hand und schob es mir in den Mund.

So sollte die Erstkommunion eines Kindes, das heimlich in einer katholischen Kirche getauft wurde, in einer orthodoxen

Kirche stattfinden. Mit meinen acht Jahren wusste ich, dass diese Zeremonie für mein ganzes Leben von Bedeutung sein sollte. Brot begleitete mich meine ganze Kindheit lang, denn es stand für ein Leben ohne Hunger. Brot bedeutete Reichtum, nur die Menschen, die kein Brot im Haus hatten, waren wirklich arm. Kurze Zeit blieb ich noch in dem verrauchten Raum, schaute zu, wie die dünnen Kerzen immer kleiner wurden, und schlich mich dann wieder raus. Dieses Erlebnis erzählte ich niemandem, denn ich hatte das Gefühl, ich hätte etwas Verbotenes getan. Heute weiß ich aber, dass es richtig war.

Die Kirche pflegte niemand, die Zeit machte sie morsch und alt. Zuerst sah ich, wie das Blechdach dem Wind zum Opfer fiel, der Regen tat sein Übriges. Nach zehn Jahren standen von der Kirche nur mehr die Wände, der Rest war ein Haufen Schutt geworden. Es ist schade, dass so ein Gebäude, in dem sich Menschen so oft zum Beten versammelt hatten, auf einmal glanzlos verschwand. Denn auch die Glocke hatte so viele Jahre für beide Glaubensbrüder geläutet, es machte keinen Unterschied, wozu man gehörte. Und genau das habe ich auch bei dieser Messfeier erlebt.

Manchmal stand ich heimlich vor der schweren Tür der Kirche, aber ich hatte Angst, allein hineinzugehen. Meine Augen erblickten sie jedes Mal, wenn ich an ihr vorbeilief. Ich fühlte mich mit diesem Gotteshaus verbunden und bis heute bedeutet es mir sehr viel. Diese kyrillische Kirche nahm mich so, wie ich war.

Die kleine Braut

Ich wuchs in einem religionslosen Land auf, lange wusste ich nicht, zu welchem Glauben ich eigentlich gehörte. Diese kommunistische Zeit gab uns Menschen kein Wissen über Gott, sein Platz wurde von Titos Bild ausgefüllt und keiner traute sich zu protestieren. Die Serben und Kroaten versuchten die Religion in den Familien heimlich an die Kinder und Enkel weiterzugeben. Damals, als ich als Kind mit meinen acht Jahren in die orthodoxe Kirche stolperte, dachte ich: „Das muss ein Gebetshaus nur für alte Menschen sein, eine Kirche nur für bucklige und zahnlose Männer und Frauen."

Die katholische Kirche kannte ich als Kind gar nicht. Mein Vater, der „Kommunist", hatte mir gegenüber zwar nie ein Verbot ausgesprochen, aber ich wusste, mein Ungehorsam in dieser Sache könnte ihm große Probleme bereiten.

In meinem kleinen, zersiedelten Dorf wohnte nur eine serbische Familie, die Übrigen waren ausschließlich meine Verwandten. Mein Großvater hatte sieben Brüder und zwei Schwestern. Aus ihren Nachkommen entstand diese weitläufige Ortschaft. Eines Sonntagnachmittags gab mir die Mutter die Erlaubnis, die Kinder der anderen Familien zu besuchen, um mit ihnen zu spielen.

„Du kannst gehen, aber die untergehende Sonne soll dich nach Hause bringen", waren ihre warnenden Worte.

Ich machte mich auf den Weg über die Wiesen, entlang an einem Weinberg. Aus einem Haselnussgebüsch brach ich eine Stange und nahm sie zum Schutz vor den umherlaufenden Hunden mit, die auch am Sonntag gefährlich sein konnten. Ich wusste genau, welchem Hund ich meine Haselnussstange zeigen konnte – sollte – musste. So erreichte ich die Häuser meiner Schulfreunde und Cousins. An jenem Sonntag Mitte Mai fand ich die Dorfbewohner auf dem staubigen Weg, viele festlich gekleidet, die Frauen trugen bunte Kopftücher. Da sah ich auch meine Freundin. Sie saß am Wegesrand auf einer grauen Decke und meinte: „Du bist heute umsonst gekommen, ich spiele heute nicht mit dir, weil mein Kleid nicht schmutzig werden darf und die Sandalen nicht staubig. Dein altes Gewand kann ruhig schmutzig werden."

Sie winkte mit der einen Hand und richtete mit der anderen ihre nicht alltäglichen Locken.

„Bleib du ruhig auf der Pferdedecke sitzen, ich hab genug Platz im Gras", sagte ich schnell, zog einen Grashalm aus der Erde, biss kleine Stücke ab, um den Saft zu schmecken und gleich wieder recht wichtig auszuspucken.

„Na, sag es mir, was ist los, dass du heute so anders aussiehst als sonst mit deinen Locken?", fragte ich neugierig.

„Diese Locken drehte meine Mutter mit Stoffstreifen ein, das helle Kleid und die Sandalen sind ganz neu und erst der Haarschmuck …!"

Sie holte unter der Decke einen Haarreif hervor und setze ihn auf den Kopf. Es klebten einige kleine weiße Stoffblümchen darauf. Nun wischte sie sich Staub aus den Augen, richtete ihr Kleid und meinte: „So, jetzt bin ich die Braut Jesu!"

Ich saß ruhig im Gras und dachte: „Sie schaut mit den Blumen im Haar wirklich wie eine Braut aus, so wie damals die Frau meines Bruders."

„Was, du bist Jesu Braut? Das geht doch gar nicht, du bist ein Kind und der Jesus ist unsichtbar", sagte ich und nahm sie bei der Hand.

„Du brauchst mir gar nichts zu erklären, du gehst nicht in die Kirche und hattest auch keine Erstkommunion wie ich", sagte die gelockte Rednerin und zog ihre Hand aus der meinen.

„Ich keine Kommunion?!", dachte ich.

Sollte ich ihr mein Geheimnis verraten? Bin ich jetzt vielleicht die Braut des vollbärtigen orthodoxen Jesus, auch ohne weißes Kleid oder Blumen im Haar? Ich schwieg und versuchte es noch einmal: „Schau, mein Bruder hatte eine Braut, die hat er geheiratet, du warst eingeladen. Aber du bist ein Kind und dein ‚Bräutigam' ist unsichtbar, du kannst ihn nie zum Mann nehmen. Oder hast du ihn gesehen?"

Das kleine Lockenbiest wurde zornig und rief ihre Mutter zu Hilfe.

„Mama, Mama, komm her, diese Besserwisserin behauptet, dass ich keine Braut Jesu bin. Du hast gehört, dass uns der Priester das aber gesagt hat!"

Sie stand auf und schubste mich zur Seite. Da trat ihre schlanke Mutter auf, schob ihre halb grauen Haare unter das Kopftuch, blinzelte mit den Augen, sprach sehr deutlich: „Was willst du ungläubiges Kind? Du kennst Gott gar nicht, noch weniger kennst du die Bräuche. Du weißt auch, warum Gott deine Schwester tötete. Weil dein Vater Kommunist ist! Geh lieber heim und bleib dort", und sie zeigte in die Richtung meines ungläubigen Hauses.

Die Braut Jesu schaute mich nun traurig an und folgte ihrer davoneilenden Mutter.

„Was hat die Kopftuchträgerin gesagt? Mein Vater, der Kommunist, sei schuld? Oder ich, weil ich nicht in die Kirche gehe? Vater schickte meinen Bruder weg, er sagte, der da oben sei schuld."

In meinem Kopf drehte sich alles. Wortlos ging ich ohne den Stab in die Richtung, die mir die Mutter der Freundin gewiesen hatte – doch nicht einmal die Hunde bellten mich an. Die Schläge des Lehrers oder auch die des Gänserichs taten nicht so weh wie der Schmerz, der sich jetzt in meinen Gedanken breitmachte und sich in mein Herz bohrte. Sind wir jetzt alle schuld, auch der Gott?

Ich setzte mich auf eine Holzbrücke und dachte über die

„Schuldigen" nach. Der abendliche Vogelgesang holte mich aus meinem Elend und ich träumte, ein Vogel zu sein und fliegen zu können, aber wohin? Meine Welt war so klein und reichte gerade einmal bis zum Horizont. Alles, was dahinter lag, war mir völlig unbekannt.

Ich wachte auf, ging durch die Wiese, streckte meine Arme aus und berührte mit den Handflächen die Blumen und das hohe Gras, „nach Hause zu meinem ungläubigen Haus". Für mich gab es Mann und Frau, Ja und Nein – Symbole verstand ich nicht, und das blieb so.

Seidenkisschen mit Schokolade

Mein Vater, der Kommunist, musste fast jeden Monat 20 Kilometer zu Fuß in die Stadt laufen und dort den Bericht der Versammlung abgeben. Einen Tag vor seiner Wanderung holte er seinen aus grobem Leinen gewebten Rucksack hervor und überprüfte, ob er noch etwas benötigen würde. Das graue Etwas besaß keine Ledergurte, sondern zwei grob geflochtene Stricke aus Naturflachs als Träger. Ein Stück Speck und eine Scheibe Brot nahm er als Proviant mit.

Im Winter stand er schon um vier Uhr auf, um die vier Stunden zu marschieren und die Gemeinde zu erreichen. Oft nahm er sein hart verdientes Geld und zahlte die Landwirtschaftssteuer, die ein Paar junge Fohlen und ein 100 Kilogramm schweres Kalb jedes Jahr kosteten. Ich wusste, dass wir das Geld auch notwendig hätten, aber meine Mutter erzählte uns mit strenger Stimme: „Wenn wir das Geld nicht zahlen, dann kommen die Steuereintreiber und nehmen uns die letzte Kuh aus dem Stall mit. Die fragen nicht lange, es ist unsere Pflicht, die Steuer jedes Jahr zu zahlen!"

Schon am späten Nachmittag stand ich am Rand des Feldes und schaute in die Richtung, aus der mein Vater kommen könnte. Ich hoffte, dass er auch etwas für mich dabei hätte und das Geld nicht nur für die Steuer ausgeben musste. Viele Male schaute ich, ob er schon käme, aber die Dunkelheit nahm mir die Sicht und ich wartete ungeduldig im Haus auf einen Vater, den ich über alles liebte und schätzte.

Die dunkle Nacht brachte ihn nach Hause, mein Glück war greifbar, er umarmte mich und küsste meine Stirn. Ich verspürte eine Wiedersehensfreude, als ob ich ihn erst nach Wochen wiedergesehen hätte. Beiderseits war die Freude groß.

Er nahm seinen nassen Rucksack ab und legte ihn auf den

Esstisch. Dann setzte er sich auf den Lehnstuhl und streckte seine Beine mit den schwer gewordenen Gummistiefeln aus. Im gleichen Moment sprang ich auf und versuchte ihm die Treter auszuziehen. Oft kam auch braunes Wasser aus diesen dunklen Schächten und seine Fußlappen, die er statt Socken trug, fielen auf den Lehmboden. Er lachte und seine Hand ruhte auf dem aufgeblähten Rucksack.

Ein großes Glück erfasste mich, als ich ihm dann seine kalten Füße in einer Holzschüssel wusch und mit einem Tuch abtrocknete.

„Diese großen Füße, die so weit liefen", dachte ich und steckte sie in ein Paar Holzpantoffeln.

Der mysteriöse Rucksack lag noch immer auf dem Tisch. Ich hoffte, dass er ihn demnächst öffnen würde, aber er erzählte erst der Mutter, was er getan und wen er getroffen hatte.

Der Holzofen verbreitete eine extra schöne Wärme. Das Licht der Petroleumlampe ließ die gesamte Küche in einem wunderbaren Licht erstrahlen. Meine kleine Welt war perfekt und ich hatte meine Augen immer auf den Rucksack gerichtet.

Der Hut meines Vaters verdeckte seine blauen Augen und sein Mund lächelte, als er den Rucksack zu sich zog, ihn öffnete – all das ganz langsam und ohne Eile. Ich unterließ es, mit irgendwelchen Fragen lästig zu sein. Das machte ich nie, ich tat, was dem Vater gefallen würde, und nichts, was ihm Kummer bereiten könnte. Er war für mich das Kostbarste, was ich besaß.

Und es wurde wahr: Der dicke Stoffsack ging langsam auf und zum Vorschein kamen Zündhölzer, ein Beutel Zucker, Salz, eine Flasche Öl … Der Rucksack wurde immer schmaler und der Vater steckte seine Hand ganz tief hinein, zog sie langsam heraus und in seiner Hand raschelte feines, silbriges Papier. Es war eine kleine Tüte, die er ganz vorsichtig aufmachte, sie der Mutter hinschob und sagte: „Hier, Frau, verteile es gerecht unter den beiden Kindern."

Die Mutter ging zum Licht und auch sie machte alles behutsam. Sie holte ein weißes, mit bunten Streifen überzogenes Kisschen hervor.

„Wunderschöne Seidenkisschen hat euch der Vater gebracht!", strahlte sie, setzte sich auf die andere Seite des Tisches und erstellte auf der Tischplatte zwei Reihen dieser tollen Süßigkeiten.

Danach schob sie sie in unsere Richtung. Wenn Mutter diese Zuckerbonbons nach Hause gebracht hätte, wäre ich versucht gewesen, meine Schwester irgendwie auszutricksen, um ihr wenigstens drei Stück abzunehmen. Aber diese hatte der Vater heimgebracht. Sie waren für mich etwas, womit man nicht trickste und nicht schwindelte.

Es war ein Bonbon, klein und passte leicht zwischen meine zwei kindlichen Finger. Die Oberfläche, eine feine Zuckerglasur, fühlte sich an wie aus Seide und war für mich unendlich wertvoll. Das Stückchen glänzte in meiner Hand wie ein Edelstein.

In diesem Moment umarmte mich der Reichtum. Mit meinen zwei Fingern schob ich das Bonbon langsam in meinen Mund und der Zuckergeschmack füllte meine Mundhöhle mit einem unbeschreiblichen Geschmack. Da nahm ich es aus dem Mund, legte es auf eine Tischecke und bewunderte den süßen Edelstein, der jetzt noch mehr glänzte, als er neben der Petroleumlampe lag. Ich musste mir Zeit lassen, die Zeit aufhalten. Diese feinen Regenbogenfarben auf dem Bonbon strahlten noch intensiver und ich nahm es ein weiteres Mal in den Mund. Nach kurzer Zeit platzte das seidene Wunder und die flüssige Schokolade floss in meinen Mund. Es gab mir das Gefühl der Vollkommenheit und des Glücks.

In solchen Erlebnissen war meine kleine Welt schön. Sie

war auch nicht groß – eben genau so weit, wie meine Augen blicken konnten.

Die beste Freundin

Ich ging nun schon auf die zehn Jahre zu und wurde einmal bei meiner besten Freundin, einer Serbin, zur Übernachtung eingeladen. Meine Eltern waren einverstanden, sie kannten die Familie. Damals ging ich mittags in die Schule und blieb bis um fünf Uhr dort, was bedeutete, dass mein Heimweg im Winter immer recht dunkel war, doch das interessierte niemanden.

An dem besagten Tag im Frühling ging ich am Abend aber gleich mit meiner Freundin einen halben Kilometer zu ihr nach Hause. Ihre Mutter war eine junge Witwe mit drei kleinen Kindern. Sie nahm mich herzlich auf und sorgte sich rührend um mein Wohlbefinden. Das Haus lag direkt neben dem orthodoxen Friedhof, der komplett ungepflegt war: Die Kreuze lagen verstreut herum, überwuchert von Gras und Unkraut. Der Großvater meiner besten Freundin war ein alter Mann, der mit Stahl arbeitete. Er sah mich gerne an und fragte, aus welcher Familie ich stamme.

Ich nannte ihm meinen Familiennamen und er wusste Bescheid.

„Du bist das Kind, das letztes Jahr im Sommer in der Dorfkirche war und sogar zu der Brotverteilung ging."

„Ja, ja", murmelte ich und er fuhr fort: „Bist du jetzt auch eine orthodoxe Christin?"

Ich traute mich nicht, dem Serben-Opa zu sagen, dass ich eine Kroatin sei. Aber das wusste er längst, er wollte mich nur prüfen.

„Nein, nein, ich bin Jugoslawin und mein Vater ist sogar in der Partei!", versuchte ich mich zu rechtfertigen.

Ich verleugnete meinen Glauben. Ich hatte Angst, in Titos Jugoslawien offen zu sagen, wer und was ich bin. Das Wort

Kroate war in Gesprächen ausradiert, wir waren Menschen zweiter Klasse im eigenen Land. Das Wort bedeutete zugleich *katholisch*.

Meine serbische Freundin (l.) und ich

Erstaunt war ich, als ich bemerkte, dass er mit einem zusammenklappbaren Holzlöffel aß, den er nach dem Mahl in eine Lederschlaufe unter die Tischplatte schob. Im Schlafzimmer standen schöne Betten mit warmen Federdecken und an der Wand hingen bunte Teppiche, die von der Mutter selbst gewebt waren.

Die Zeiten änderten sich und wir Kinder wurden größer. Ich nicht wirklich, aber auf alle Fälle klüger. Ich wusste, dass das Zusammenleben in Ordnung ist, aber durch meine Armut rutschte ich in die letzte Reihe der Gesellschaft. Ich kämpfte, aber keiner gab mir die Hand.

Einmal, als ich noch zur Schule ging, besuchte mein Vater den Elternabend. Er bekam von meinem Lehrer – einem Halbdeutschen namens Ernest Vist – sehr viel Lob über mich zu hören. Die Freude darüber trug der Vater Jahre mit sich und er erinnerte sich gerne, wie der Lehrer sein Kind vor den ganzen Eltern aus der Menge herausgehoben hatte:

„Sie ist eine von den Besten!"

Der Schrank

In den 1930er Jahren baute mein Vater einen Kleiderschrank ganz aus Kirschbaumholz – groß, stabil und mit Zierleisten versehen. Dieser Schrank hatte sechs Fächer, einen Bereich zum Wäscheaufhängen und ganz unten einen langen Schubkasten. Meine strenge Mutter versuchte mir bereits in meinen jungen Jahren das Ordnung-Halten beizubringen, doch ohne Erfolg. Meine Schwester lernte es schnell, doch ich hatte meine Probleme. Somit bekam ich das unterste Fach, ein Fach bekam meine Schwester und der Rest war im Besitz meiner Mutter. Oft schaute mich meine Mutter böse an und drohte mir mit dem Zeigefinger.

„So oft habe ich dir gesagt, Ordnung in deinem Schrankfach zu halten! Wenn nicht, dann würde ich dich aus dem Kasten ausquartieren." Nach einer kurzen Pause wurde sie dann noch deutlicher: „Ich hole einen leeren Bienenkorb, werfe deine Sachen hinein und trage alles ins Bienenhaus – da kannst du deine Unordnung dann ausbreiten."

Ich schwieg und schaute zu Boden; meine Mutter meinte wirklich, ich könne keine Ordnung halten. Ich hatte wenige Kleider, die passten theoretisch leicht in einen Bienenkorb, doch in dem Moment wirkte sie nicht glaubhaft – ich konnte mir nicht vorstellen, dass sie dazu fähig wäre.

In diesem Schubkasten, den ich besetzt hatte, befanden sich Mutters Handarbeiten, Rollen vom Webstuhl, Leinen für Tischdecken, Tücher und Betttücher. Auch schmale Rollen mit Teppich befanden sich darin, und jedes Jahr bei warmem Wetter schleppte meine Mutter sie raus an die frische Luft, rollte alle meterlang aus und hängte sie zum Lüften über den geflochtenen Zaun. Sie sagte: „Es muss alles gut auslüften!", und immer wieder trug sie die Sachen rein und raus.

Ich wunderte mich schon ein wenig, bis ich die Sache durchschaute: Meine Mutter machte eine eigene Ausstellung! Sie wollte den Nachbarinnen zeigen, was sie über den Winter hinweg alles gewebt hatte. Aber sie war, wie man merkt, nicht nur gut im Weben, sie war auch raffiniert.

In unserem Haus hatten wir wenige Möbel, eben nur das Notwendigste. Meine Methode war es, ein bisschen von meinen Kleidern im Haus zu verteilen – so schaute es nach mehr aus. Doch genau das war für meine Mutter untragbar. So kam es, dass diese ordnungssüchtige Frau ihre Drohung wahr machte: Nachdem ich wieder eine grobe Attacke der niedrigsten Art und Weise auf mein Fach ausgeübt hatte, war bei ihr alles vorbei. Während ich mich in der Schule plagte, holte sie tatsächlich einen Bienenkorb aus dem Häuschen, schmiss all mein Hab und Gut an Kleidern hinein und trug ihn samt Inhalt in das summende Haus.

Jeden Tag nach der Schule mussten wir unsere Schulkleider ausziehen und etwas, das älter und abgetragener war, anziehen – so kam es, dass ich ein und dasselbe Kleidchen von der vierten bis zur siebten Klasse trug. Immer wieder das gleiche Kleidchen … Am Wochenende wusch meine Mutter es, und hopp – am Montag hatte ich es wieder an. Das Kleid hatte einen breiten Saum, sodass es durch Auslassen des Saums die ganzen Jahre über mit mir wuchs.

Nach dem Essen also, nachdem ich von der Schule heimgekommen war, wollte ich mich umziehen, aber in meinem Fach herrschte kein Chaos, sondern gähnende Leere – das leere Fach schaute mich einsam an. Ich verstand in Sekunden, was meine Mutter getan hatte, und wusste, wo sich meine kostbaren Kleider befanden, aber meine Mutter wusste, dass mir das Bienenhaus Angst machte – ich habe mich in dem Raum immer gefürchtet.

„Na, wieso ziehst du dich denn nicht um? Langsam wird es aber Zeit!", sagte sie mit einer hinterlistig-lieblichen Stimme.

Diese Frechheit überhörte ich und schaute recht interessiert aus dem Fenster.

„Das karierte Kleid darfst du nicht schmutzig machen, das brauchst du für die Schule!", fuhr sie fort.

Ich schwieg, denn sie hatte mich überlistet und durchschaut. Wo war jetzt mein Helfer, mein Vater, dachte ich, und in dem Moment erzählte sie weiter: „Der Vater ist auf dem Feld, er kann dir nicht helfen. Da musst du schon allein in das Bienenhaus." Und sie triumphierte.

Oh Gott, wie gerne hätte ich sie in dem Moment geduzt – denn zur damaligen Zeit mussten wir unsere Eltern noch mit „Sie" ansprechen. Hätte ich meine Mutter mit „Du" angesprochen, wäre dies so schlimm gewesen, als hätte ich sie mit üblen Schimpfworten bedacht. Aber ich blieb ruhig.

Ich ging hinaus und machte mich auf den Weg zum Bienenhaus. Ich nahm meine ganze Kraft und meinen ganzen Mut zusammen, stieg eine der ausgetretenen Stufen zum Bienenhaus hinauf, blieb bei einem schräg gewachsenen Pflaumenbaum stehen und machte Pause. Die Bienen flogen eifrig und bemerkten mich kaum. So stieg ich weiter hoch und versuchte die Tür leise zu öffnen, was mir auch gelang. Und da sah ich meine gesamte Wäsche im Bienenkorb liegen, ein Strumpf hing über den Rand und eine dicke Socke lag auf dem Lehmboden.

„Gar nicht schön", dachte ich mir. „Eine ganz gewöhnliche Du und nicht mehr als eine Du – das sind Sie, Mutter!"

Das dachte ich bei mir und wiederholte es im Geiste wie eine Beschwörungsformel: Du, Du, Du …

Meine nackten Füße berührten den trockenen, unebenen Lehmboden, meine Arme streckte ich ganz lang, um ein paar Sachen einzusammeln – und währenddessen hörte ich immer das Summen Tausender Bienen.

Ich stand ruhig da, interessiert schaute ich den aus Stroh geflochtenen Korb an, der schräg am Boden lag, hob ihn langsam hoch, umarmte ihn, drückte ihn fest an meinen Bauch, wie einen kostbaren Schatz, und trug ihn die schmale Erdtreppe hinab. Der Duft von Wachs stieg mir in die Nase, denn Reste davon befanden sich noch in meinen Kleidern. Der schiefe Zwetschgenbaum, der seine Wurzeln die ganze Treppe entlang schlängelte, schaute mir zu, wie ich die Treppe hinabstieg. Unten angekommen schlich ich mich leise davon, ging ins Haus und leerte dort meinen Besitz aus. Traurig und enttäuscht legte ich jedes Stück zusammen und ordnete die Kleider schön in mein Fach ein. So brachte mir meine Mutter das Ordnung-Halten bei. Am Abend erzählte ich meinem Vater das Erlebnis und er hörte gerne zu und lachte.

„Die Mutter hat recht, Ordnung muss man schon pflegen.“

Beim Auszug aus unserem ersten Haus nahmen meine Eltern den alten Schrank mit, der noch heute im zweiten Haus als Werkzeugschrank dient, obwohl er bereits über 80 Jahre alt ist.

Blumen oder Früchte

Im Frühjahr hatten wir oft kein Geld. Die Hühner legten weniger Eier, und so mussten meine Eltern Geldgeber suchen. Meine Mutter erfuhr von einer Bekannten, dass wir in einem Heim unsere eingelagerten Kartoffeln verkaufen konnten. So luden wir sechs volle Säcke Kartoffeln auf den Pferdewagen und machten uns auf den Weg. Ich durfte mit meiner Mutter mitfahren und mir Stoff für einen neuen Rock aussuchen – was für ein Fest! Bunt sollte er sein wie eine Blumenwiese im Sommer!

„Was wohl ein ‚Heim‘ ist? Und wer soll so viele Kartoffeln essen?", fragte ich mich.

Zwei Stunden waren wir durch Wälder, Hügel und Ortschaften geschaukelt, bis meine Mutter den Wagen vor einem hohen Blechtor zum Stehen brachte, abstieg und mit der Faust gegen das Blech schlug. Das Tor öffnete sich quietschend. Wir fuhren in den Hof und es wurde wieder geschlossen. War das unheimlich! Ich erstarrte auf meinem Wagenbrett, fühlte mich wie gelähmt. Das Körperwasser machte meinen Rock nass. Um unseren Pferdewagen standen zahnlose Menschen, die unsere Pferde festhielten, alte Frauen mit kurz geschnittenen Haaren und ohne Kopftuch und alte, schwache Männer. Eine Frau nahm meine Hand und küsste sie, eine andere streichelte meine Haare. Ich zitterte vor Angst.

Zwei Männer und meine Mutter trugen die Kartoffelsäcke ins Haus. Im Nu hatten es sich diese merkwürdigen Gestalten in unserem Wagen bequem gemacht, und ich konnte nicht anders und musste weinen. Als meine Mutter mich in Gesellschaft dieser sonderbaren Gesellen weinen sah, sagte sie: „Weine doch nicht! Die Leute tun dir nichts, das sind lauter alte und defekte Männer und Frauen."

„Defekt? Was soll das heißen?", dachte ich bei mir, während meine Mutter mich an der Hand über den Hof zog, um im Haus unser Kartoffelgeschäft abzuwickeln.

Diese Menschen folgten uns und hörten nicht auf, an mir herumzuzupfen. Ein alter Herr murmelte unentwegt dieselben Laute, eine Frau sang lauthals – ein unruhiges Umherwieseln und Kichern. Ich war sehr froh, als wir in unserem Wagen endlich wieder aus dem Hof hinausrollten. Mein Körper entspannte sich und alle Organe konnten wieder ihren Aufgaben nachgehen. Aus Angst, der Strom der merkwürdigen Gestalten könnte uns doch noch folgen, blickte ich nicht zurück und wusste zum ersten Mal in meinem Leben die Peitsche zu schätzen, die meine Mutter wie immer über die Pferderücken schwang, sodass wir uns noch schneller entfernten. Die glatten Wege kündigten schon die Stadt an, und ich hätte den Leuten am liebsten zugerufen: „Wir fahren in die Stadt, um einen geblümten Stoff für meinen neuen Rock zu kaufen!"

Mein Rock war fast schon wieder trocken, als ich mit meiner Mutter den duftenden Stoffladen betrat. Hinter der Ladentheke stand eine Frau mit großen Locken und einem hagebuttenfarbigen Mund.

„Ein schwarzes Kopftuch und für das Kind bunten Stoff – einen Meter lang und 70 Zentimeter breit für einen Rock", bestellte meine Mutter und hielt in der Hand ihr Taschentuch bereit, in das sie das Kartoffelgeld eingewickelt hatte. Sogar ein paar Dinar-Scheine lugten hervor. Ich konnte gerade so eben über die Theke schauen.

„Ein heller Stoff mit vielen bunten Wiesenblumen, den möchte ich haben", fügte ich hinzu und blickte meine Mutter an, die mit dem Kopf nickte.

Die Verkäuferin ging zu einem Regal, zog einen der vielen Stoffballen heraus und hielt ihn mir unter die Nase. Es war ein gut riechender, heller Stoff mit gelben Holunderblüten und dunkelvioletten Früchten auf dem gleichen Zweig.

„Der gefällt mir", sagte ich leise, „aber die Blüten fangen jetzt an zu blühen und die Holunderbeeren werden erst im Herbst reif. Da ist ein Fehler im Stoff, so einen Rock kann ich nicht anziehen!", ergänzte ich enttäuscht.

„Blumen oder reife Früchte – ist egal, ich kaufe dir jetzt den Stoff und dann machen wir uns auf den Heimweg, damit wir noch vor Anbruch der Dunkelheit zu Hause sind." Mit diesen Worten beendete meine Mutter die Diskussion.

So nähte mir meine Mutter einen Rock mit falschen Jahreszeiten, einem Gummizug und einem breiten Saum, damit er möglichst lange mit mir mitwachsen konnte. Ich liebte diesen Rock und niemand hat diesen Druckfehler je bemerkt.

Der Schnee begann zu schmelzen.

„Bleib heute zu Hause, es wird wärmer und das Wasser in den Flüssen steigt", sagte meine Mutter fast besorgt.

Das hörte ich kaum mehr, ich war schon draußen durch die Tür und ging meinen Schulweg. Meine Gummistiefel hielten dicht, ich kam trockenen Fußes in der Schule an. Die Hälfte der Schüler jedoch fehlte, trotzdem ließ uns der Lehrer fünf Stunden nicht nach Hause. Von einer Anhöhe blickend, erahnte ich das Ausmaß, der Fluss war auf seine dreifache Größe angewachsen. Das Geländer der Brücke ragte gerade noch aus dem braunen, unruhigen Wasser voller Laub und Gras.

„Was soll ich tun? Wie soll ich über den Fluss gelangen?", murmelte ich vor mich hin, während ich auf der Suche nach einer Lösung am Ufer auf und ab ging, wie die Ente, die ihre Eier ausgebrütet hatte und nun panisch am Ufer hin und her stakste, als ihre Entlein ihr davonschwammen.

Der alte Jakob mit seinen Bibelgeschichten meldete sich auch zu Wort: „Jesus konnte über das Wasser gehen."

Sofort entgegnete eine andere Stimme: „Du aber sicherlich nicht."

Ich zog meine Stiefel aus und legte sie mitsamt dem Schulzeug und meiner Weste auf einen Haufen weit genug vom Wasser entfernt in die Wiese. Da stand ich, barfuß in Blumenrock und Bluse, vor den Fluten. Mit einer Hand suchte ich das Brückengeländer und stand schon einen halben Meter im Wasser. Vorsichtig tasteten meine Füße nach dem nächsten Schritt, aber meine Fußsohlen fanden keinen Halt mehr. Ich klammerte mich an das Holzgeländer, aber meine Hände konnten der Strömung nicht mehr standhalten und ich fiel in den reißenden Fluss. Als ich einen jungen Weidenzweig zu fassen bekam, hörte ich meinen Vater sagen: „Weiden sind so bruchfest, dass man aus ihnen Körbe flechten kann."

Doch auch der junge Weidenbaum wurde mit den Fluten mitgerissen, ich schluckte trübes Wasser.

Auf einmal hielt mich etwas fest. Mein Holunderblüten-beerenrock war an einem Baumstumpf am Ufer des Flusses hängen geblieben. Mit letzter Kraft zog ich mich aus dem Wasser auf die Wiese. Die Erleichterung und das Nachlassen des Schocks setzten in mir neue Kräfte frei, und so konnte ich meinen Heimweg fortsetzen. Allerdings hatte ich noch ein ganzes Stück zu laufen und ich fror. Meine Zähne klapperten und ich wurde müde und schläfrig. Ich hatte schon den Entschluss gefasst, mich ein wenig auszuruhen, als mir eine leise Stimme bedeutete weiterzugehen, da mein Vater auf mich wartete und ich nur einfach gehen müsse ... Gehen, ge-hen, ge-hen – diesen Rhythmus nahm ich auf, ohne nachzudenken: ge-hen, ge-hen, ge-hen ...

Ich ging den Weg, den Roska damals genommen hatte, als sie mich auf die Welt holte, und erreichte verspätet unser Haus. In der Abstellkammer zog ich meine nassen Kleider aus, wickelte mich in einen alten Mantel und ging ins Bett.

Mutter kochte mir Lindenblütentee und ich bekam einen Extralöffel Zucker.

Am nächsten Morgen zog ich meinen Rettungsrock an und ging ohne Hausaufgaben in die Schule. Bücher, Gummistiefel und Weste fand ich dort, wo ich sie am Vortag zurückgelassen hatte. Der Fluss zog sich in sein Flussbett zurück und nichts erinnerte mehr an mein Abenteuer vom Vortag.

Im Land des dicken Buches

In der fünften Schulklasse bekam ich ein neues Fach – ‚Deutsch‘. Diese Sprache war bei uns nicht sonderlich beliebt, schließlich lernten wir die Sprache des Feindes. Begeistert zeigte ich meinem Vater das Schulbuch und versuchte, ihm etwas vorzulesen. Ich wollte ihm zeigen, was ich schon alles gelernt hatte, und als ich von meinem Buch aufblickte, sah ich in sein strahlendes Gesicht. Das machte mich noch stolzer.

Die Mutter meines Vaters hatte deutsche Vorfahren, so konnte er ein paar Worte Deutsch sprechen. Ich mochte die neue Sprache und lernte alle möglichen Gedichte, Lieder und Reime auswendig, so wie:

Hurra, hurra, der Winter ist schon da!
Alle Kinder laufen, schnelle Schlitten kaufen.

„Wo um alles in der Welt kann man wohl einen Schlitten kaufen? Für wie viele Eier kann man einen Schlitten bekommen?“, fragte ich mich. „Das Land, in dem diese Sprache gesprochen wird, muss wohl sehr reich sein.“

Bei uns wurde die deutsche Sprache verbreitet, und das Land war für mein damaliges Empfinden unerreichbar weit weg. Meine Mutter lernte schon als Kind Ungarisch und beherrschte es perfekt. Sie erzählte mir einmal, ihre drei Brüder lebten in Ungarn. Das Land sei gar nicht weit weg, zwei Tage mit dem Pferdewagen.

„Und Deutschland?“, fragte ich.

Die Richtung wusste sie: „Irgendwo über Austria“, sagte sie und ging ihrer Arbeit weiter nach.

Mein Schlitten war ein Holztrog, welchen Mutter für den

Brotteig nutzte und den ich manchmal heimlich aus dem Abstellraum schleppte, um ihn im Obstgarten zu starten. Zu dieser Zeit hörte man, dass Astronauten den Mond besuchen wollten.

„Wie soll das gehen?", dachte ich mir, während ich meinen Schlitten betrachtete.

Mein Ziel war es, ohne einen Riss im Holztrog auf der Wiese zu landen.

Mitte der 1960er Jahre ging ein Mädchen mit mir in die Klasse, die einen Onkel in Deutschland hatte, der dort Gastarbeiter war und ihr ein dickes Buch mit Bildern mitgebracht hatte. Ich schaute das dicke Buch an und kam gar nicht auf die Idee, dass diese gut angezogenen Männer und Frauen diese Kleider verkaufen wollten. Meine Weste trug ich drei Jahre. Auf der Suche nach bunten Gummistiefeln blätterte ich das schöne Buch durch. Es gab sie nicht. Keine dieser Puppen trug Gummistiefel. Enttäuscht gab ich dem Mädchen das dicke Buch zurück, ich wollte es nicht mehr anschauen.

In unserem Tal hörte man immer öfter von jungen Familienvätern, die nach München oder Frankfurt reisten, um dort zu arbeiten. Auch der Sohn unserer Nachbarn ging zum Arbeiten nach Deutschland. Nach kurzer Zeit brachten unsere Nachbarn ihn aus der Stadt zurück nach Hause – im Sarg. Er war umgekommen.

Ich stellte zu Beginn dieses Aufbruchs nach Deutschland fest, dass die Kroaten vor allem flohen, um der Armut und der ungerechten kommunistischen Zeit zu entkommen. Die, die zu Hause geblieben waren, lachten noch eine Weile und sagten: „Die gehen dorthin zum Arbeiten und besetzen die niedrigsten Stellen, um einfach nur Knechte der Schwaben zu sein."

Da kam mir gleich der arme Jerolim in den Sinn. Er war einmal so ein Knecht und hatte gar nichts.

„So ist das also", dachte ich bei mir, „die Jugoslawen werden umgebracht und dann nach Hause geschickt. Die Rache der Schwaben."

Ich hatte ihren Plan durchschaut. Präsident Tito versuchte die Leute zu beruhigen und schrieb in den Zeitungen, Jugoslawien sei reich, alle sollten zusammenhalten, für alle sei die Zukunft so gut wie gesichert, auch die von Bruder Breschnew – die rote Fahne, Hammer und Sichel stünden für den Erfolg. Da ich mir da nicht so sicher war, beschloss ich, Tito einen Beschwerdebrief zu schreiben. Ich riss eine Doppelseite aus der Mitte meines Heftes und schrieb:

,*Sehr angesehener Kamerad Josip Broz Tito,*
ich sitze hier in unserer Stube, an der Wand hängt ein Bild von Ihnen mit Ihrem Kameraden Kardelj. Mein Vater ist Kommunist und hat im Krieg mit den Partisanen zusammengearbeitet. Meine Familie lebt von dem, was die Felder geben. Wir müssen mit wenig Geld auskommen. Die Grundsteuer ist sehr hoch. Jedes Jahr muss mein Vater zwei junge Pferde verkaufen, das Geld 20 Kilometer zu Fuß in die Stadt tragen und dort bezahlen. Ich möchte nach der achten Klasse auf das Gymnasium gehen, aber ohne Geld muss ich zu Hause bleiben. Ich bitte Sie um Hilfe!'

Von dem Fehler meines Vaters erwähnte ich natürlich kein Wort. Diesen Brief schickte ich nie ab. Ich wusste seine Adresse gar nicht, und soviel ich mich erinnern konnte, legten die Hühner zu dieser Zeit wenige Eier, und ohne eine Briefmarke hätte mein Bittbrief wohl keine Chance gehabt – oder vielleicht doch? Einfach nur ,An Tito'?

Den Spitznamen ,Tito' bekam er im zweiten Weltkrieg. Er gab Befehle: „Du machst das, du das, du …"

Im Jugoslawischen hieß das: „Ti to, ti to."

So kannte ihn jeder auf der ganzen Welt, den Broz Josef.

Nach acht Jahren Volksschule beendete ich meine langen Schulwege. Der letzte Schultag kam dann doch überraschend. Ab einer gewissen Stunde hattest du keinen Sitzplatz mehr. Ein nächstes Kind brauchte deine Schulbank. Du gehörtest nicht mehr dazu. Dein Name wurde nie mehr aufgerufen, auf einmal war alles Vergangenheit und Geschichte. Meine Mitschüler lachten und schwärmten von den tollen Zeiten, die jetzt vor uns lägen – ohne Schule.

Obwohl ich es nicht immer leicht hatte in der Schule, war ich traurig, die vertrauten Gesichter, die guten und weniger guten Freunde, die ich jetzt acht Jahre kannte, nie wieder zu sehen, mit ihnen zu spielen. Die Schulzeit war vorbei und mich fror mitten im Juni. Der Lehrer gab uns noch ein paar Ratschläge mit auf den Weg und die Kinder wurden immer lauter. Ich schaute durch das große Fenster. Meine Augen ruhten noch eine Weile auf einem Baum. Die Blätter der jungen Linde zitterten im warmen Wind, als ob sie sich von mir verabschieden wollten. Mein Gang war schwer. Der Bretterboden ganz fettig, eingelassen mit irgendeinem Altöl, knarrte er unter meinen Sandalen. Auf dem staubigen Weg nahm ich die Sandalen in die Hand und spürte den warmen Staub unter den Füßen. Ich schaute nicht zurück. Ich wollte nicht mehr weinen und traurig sein.

Meine Eltern hatten sechs Kinder. Sie konnten es sich nicht leisten, ihre Kinder auf eine höhere Schule oder in eine Berufsausbildung zu schicken. Mein Vater versuchte, wenigstens mir, dem jüngsten seiner sechs Kinder, zu ermöglichen, nach der achten Klasse in die Stadt auf das Gymnasium zu gehen. Während des Krieges hatte mein Vater vielen Menschen geholfen, indem er sie versteckte, ihnen zu essen gab oder sie ins Krankenhaus brachte. So sind Freundschaften entstanden, unter anderem zum Bürgermeister der Stadt. Er und seine Frau versprachen, mich bei sich aufzunehmen. Meine

Eltern mussten ihnen im Gegenzug Feldfrüchte im Wert von 25 Euro im Monat geben.

Im Herbst kam ich in die große Stadt. Ich, ein Waldkind, ärmlich angezogen, ein Kind, das immer in die karierten Hefte schrieb (das war platzsparender), und so musste Mutter nicht so viel ausgeben. Meine neue Klasse nahm mich freundlich auf, mir ging es gut, ich arbeitete fleißig mit, gab mir viel Mühe und kam gut voran.

Einmal besuchte ich die große Stadtkirche und ging doch schnell wieder hinaus. Ich passte nicht zu diesem Reichtum, da wohnte nicht mein Gott. Mein Gott war so arm wie ich, so wollte ich mir ein kleines Gotteshaus suchen, das ich in der Stadt aber nicht fand. Meinen armen Gott trug ich also weiter nur in der Seele.

Im Frühjahr klagte meine Mutter, das Geld würde knapp, aber meine ältere Schwester hatte von einem bekannten Ehepaar aus München eine Arbeitsgarantie bekommen. Sie konnte also nach Deutschland ausreisen, Geld verdienen und so meinen Schulbesuch mitfinanzieren. Ich war erleichtert und froh, dass ich weiter zur Schule gehen konnte.

Zu dieser Zeit hörte man von kleinen Demonstrationen und Unruhen im Land. Arbeit gab es keine – nur durch Bekanntschaften wurde einem etwas zugetragen und das Geld wurde unter dem Tisch bezahlt. Eines Tages wurden alle Kinder des Gymnasiums in die Turnhalle gerufen. Was war geschehen? Eine Fast-Abiturientin schrieb einen Aufsatz gegen das damalige kommunistische Regime. Der Professor las den Aufsatz, korrigierte ihn und meldete es weiter. So wurde die junge Frau vor allen Schülern offiziell aus der Schule geworfen. Ich musste oft an die hübsche junge Frau denken, ihr Aufsatz wurde damals gar nicht vorgelesen. Ich wäre ihre erste Sympathisantin gewesen! Keiner protestierte, keiner sagte, sie hätte recht. Wir alle waren verlorene junge Menschen, die keine Zukunft hatten.

Doch eines Tages stand meine Mutter in Tränen aufgelöst vor der Tür. Ein Unglück war geschehen. Meine Schwester war allein nach München gereist, und, noch nicht dort angekommen, hatte sie einen schweren Unfall, landete im Krankenhaus und lag im Koma. Ich begriff sofort, was das für mich bedeutete. Ich hatte keine Chance. Alles war aus. Ich würde die Klasse beenden und dann zurückgehen in mein Tal zu meiner Petroleumlampe.

„Du kannst bei uns im Tal nicht leben, dort hast du keine Zukunft!", sagte die Mutter. „Warte noch ein paar Jahre, und wenn du 18 bist, suchst du dir Arbeit in einer Fabrik in der Stadt. So lange bleibst du bei uns."

Noch vor meinem 18. Geburtstag bereitete ich meine Flucht vor, ging in die Stadt und meldete mich beim Arbeitsamt als arbeitssuchend. Die Beamten meinten, hier in der Stadt gebe es keine Arbeit für mich, aber ich hätte gute Chancen, Arbeit in Deutschland zu bekommen, und sollte in zwei Wochen zu einer ärztlichen Untersuchung kommen. Der verstorbene junge Nachbar und der Unfall meiner Schwester gingen mir durch den Kopf, aber als ich zu Hause erzählte, dass ich vielleicht nach Deutschland gehen könnte, sagte mein Vater: „Ich glaube, deine Zukunft ist dort."

Das zerstreute meine Zweifel. Die Tatsache allerdings, dass alles Lernen umsonst gewesen sein sollte, enttäuschte mich irgendwie. Ich beschloss, zu dieser Untersuchung zu gehen.

Am Abend zuvor badete ich in dem großen Holzfass im Abstellraum. Mein Blick versuchte sich alles genau einzuprägen, was immer schon da war. Nichts hatte sich verändert, seit ich denken konnte – zwei Brote im Regal, viele Holzbretter, die Holzbank. Einzig das Bild der zwei Kommunisten war in den Jahren von der Wand genommen worden und lehnte hinter der Tür. Daneben saß die Bruthenne in einem alten Korb auf Enteneiern. Ich musste lachen.

„Nein, hier ist nicht meine Zukunft", dachte ich, trocknete mich ab, trug das Badewasser in einem Emailleeimer nach draußen und schüttete es beim Bienenhaus aus.

In dem Jahr, in dem ich das Gymnasium in der Stadt besucht hatte, hatten sie eine Schotterstraße von meinem Schuldorf bis in die Stadt gebaut. So konnte ich am nächsten Morgen mit dem Bus in die Stadt fahren. Vor dem Arbeitsamt warteten schon viele Menschen, vor allem Frauen und Männer mittleren Alters.

Ich meldete mich bei den Beamten, die geschäftig in ihren Papieren blätterten. Wir wurden aufgerufen und standen in einem Raum acht Frauen und einem Mann gegenüber. Der Mann sprach eine fremde Sprache und eine Frau übersetzte ins Jugoslawische.

„Oberkörper bitte frei machen!", befahl sie.

Man bedenke, meine Mutter, geboren 1905, sehr streng erzogen, und dann ich, 1951 geboren, die ich ebenfalls die strenge Erziehung meiner Großmutter genoss. Die Zeit war bei uns stehen geblieben. Unser Tal lebte so gut wie im Mittelalter. Da stand ich, das erste Mal in meinem Leben oben ohne vor diesen Frauen und einem Mann. Wir weiblichen Rekruten wurden untersucht und nach fünf Minuten war alles vorbei.

„Größe: 158 Zentimeter, Gewicht: 41 Kilogramm."

Ich rechnete mir geringe Chancen aus. Alle anderen Frauen waren viel stärker und größer. Kurze Zeit später verlas eine Frau von einer Liste die Namen derer, die am 28. Juni nach Deutschland ausreisen konnten. Mein Name war dabei – ich war glücklich und ängstlich zugleich.

Ich sah in Gedanken das dicke Buch mit den menschlichen Puppen, die ihre Kleider präsentierten, da hörte ich die Stimme der Frau, die sagte, dass die Firma die Reisekosten übernehmen würde.

„Gott sei Dank!"

Meiner Auswanderung stand also nichts mehr im Wege.

Am Tag vor meiner Abreise badete ich zum letzten Mal in dem Eichenfass und saß am Abend im Licht der Petroleumlampe mit meinen Eltern in der Küche. Uns wurde gar nicht gesagt, wohin, in welche Stadt sie uns bringen würden. Es hieß einfach ‚Deutschland', aber das interessierte mich gar nicht.

Auf dem Dachboden fand ich einen alten grauen Koffer, in den ich mein Hab und Gut einpackte. Zum Glück hatte den Holzkoffer damals mein Bruder mitgenommen, was mich davor bewahrte, ihn auf meine Reise nach Deutschland mitnehmen zu müssen. Meine Kleider hätten immer noch in den kleinen Bienenkorb gepasst.

Am Morgen kam die Stunde des Abschieds. Ich, das jüngste von sechs Kindern, musste diese zwei alten Menschen verlassen. In diesem Augenblick hatte ich niemanden auf der Welt außer diese traurigen Eltern. Der Vater küsste mich auf die Stirn und weinte, die Mutter klammerte sich an mich. Aber ich musste los und ging mit meinem Koffer Richtung Wald. Ich drehte mich um und sah die zwei Silhouetten, die mir winkten. Der ganze Schmerz in meiner Brust brach sich plötzlich Bahn und ich weinte. Der Wald lauschte meinem Weinen, seine Bäume nahmen mich auf und ich fühlte mich geborgen in dieser grünen Ruhe.

Bei der orthodoxen Kirche stieg ich in den Bus und fuhr an der Schule vorbei, die wie ausgestorben wirkte – es waren schon Sommerferien. Mein Herz pochte schneller, wie im Zeitraffer reihten sich die Bilder aus meiner Schulzeit aneinander …

… Die Schule im fünf Kilometer entfernten Dorf hatte ein wenig Abwechslung und Horizonterweiterung in mein Leben gebracht. Den Weg dorthin ging ich Jahre lang gerne, er war zwar weit, aber schön. Heute, wenn ich zurückdenke, kann ich es fast gar nicht glauben, dass ich acht Jahre jeden Tag zehn Kilometer zu Fuß gegangen bin. Für mich ein kleines Wunder.

Ich stand für gewöhnlich um sechs Uhr auf und wusch mein Gesicht in der alten Holzschüssel. Acht Jahre wachte ich von selbst auf und kletterte auf die Bettlehne, um die alte Uhr mit der Hand zu erreichen, die Zeiger mit den Fingern zu befühlen und so herauszufinden, wie spät es ist. Fast immer wurde ich um die gleiche Zeit wach und besuchte die Uhr, die diese vielen Jahre bei uns an der Wand hing.

Oft hatte ich keinen Hunger in der Früh, sondern ging geradewegs um halb sieben aus dem Haus; im Winter war es noch stockdunkel um diese Zeit. Ich schaffte den Weg trotzdem, sodass ich kurz vor acht bei der Schule ankam.

Erst ging ich durch die Wiesen, am Haus meines Onkels vorbei, dann über die Felder an der Grenze zwischen den Grundstücken. Hier machten wir Kinder unsere eigenen schmalen Wege. Dann kam der Wald, in dem riesige Laubbäume jeden Tag aufs Neue majestätisch auf uns hinabschauten. Im Herbst verloren sie nach und nach ihre Blätter und wir stapften, in ihnen bis zu den Knien steckend, unseren Weg entlang. Buchen-, Eichen- oder Eschenblätter – alles lag da wie ein bunter Teppich aus Brauntönen. Ich ging lange barfuß, oft bis Ende Oktober, um diesen Teppich an meinen Sohlen spüren zu können.

Nach dem fantastischen Waldweg kam ein Tal mit einem Fluss und Feldern. An einem Berg gab es seltsame Erde, aus der man Dinge formen konnte. Es war graue Tonerde, und oft blieben unsere Gummistiefel darin stecken und wir stapften dann mit den nackten Füßen in der kalten, klebrigen Erde weiter.

Auf diesem Berg wohnte eine alte Frau in ihrem Haus, aus dem sie uns oft sehr böse anschaute. Manchmal blieb ich allein dort und lief schnell weg, wenn sie mich erblickte. Ich hatte große Angst vor dieser alten Frau.

Sie hatte ein Erdbeerfeld am Waldrand. Im Sommer gingen wir ganz brav an ihrem Haus vorbei, liefen den Berg hinunter, kehrten um und gelangten durch ein Waldstück in das Feld, das Erdbeeren trug, so dick wie Pflaumen. Ich hatte in meinem kurzen Leben noch nie solche Erdbeeren gesehen und wir alle aßen die roten und auch die grünen mit Genuss. Ich hatte immer ein schlechtes Gewissen und dachte, die alte Frau wisse, dass ich zu den Dieben gehörte. Daher kam meine Angst vor ihr. Aber jeden Sommer verführten mich diese Erdbeeren wieder. Sogar im Oktober suchten wir auf dem Feld nach ihnen und fanden halb gefrorene Früchte, die wir, ohne sie zu waschen und so kalt und dreckig, wie sie waren, verspeisten.

Nach diesem Berg liefen wir wieder über Felder und Wiesen. Ein Ackerfeld erstreckte sich über einen Kilometer. Diesen Weg mussten wir uns immer wieder neu erkämpfen, da er im Herbst mit Weizen bepflanzt wurde. Wir mussten uns durchschlagen und einen neuen Pfad entstehen lassen. Im nächsten Jahr war es ein Maisfeld, und wieder war für uns Kinder der Kampf angesagt. Der Bauer schimpfte uns unentwegt, wir sollten den Umweg durch den Wald nehmen, aber wir gingen mitten über den Acker, und meine ganzen acht Schuljahre lang haben wir Kinder gesiegt.

Nach dem Tod der alten Frau stand ihr Haus jahrelang leer. Die Felder lagen brach und das Erdbeerfeld war auch verlassen. Nur wir Kinder waren es, die es besuchten – doch jetzt war es nicht mehr so interessant. Meine Schulgruppe wurde immer kleiner, sodass ich schließlich die achte Klasse allein besuchte – alle anderen blieben schulisch auf der Strecke. Menschen zogen weg aus unserer Gegend, ein Haus nach dem anderen stand verlassen und leer da oder wurde verkauft. Aber neue Bewohner gab es nicht mehr. Wie grausam es war, dass die Wiesen nicht mehr gemäht, die Felder nicht mehr bestellt und von Unkraut überwuchert wurden! Meine Wege wurden immer schmaler und einsamer, da nur wenige sie benutzten ...

… In der Stadt angekommen, schleppte ich meinen Koffer und mich zum Bahnhof. Auf dem Bahnsteig wimmelte es von Menschen mit Koffern und Taschen. Familien standen zusammen, Kinder weinten. Es war ein Chaos. Frauen und Männer mussten ihre Kinder und Eltern zurücklassen. Die Kinder hängten sich an ihre Mütter und wollten sie nicht in den grauen Zug steigen lassen. In diesem Moment dachte ich an Tito und seine leeren Versprechungen. Wir verließen das Land aus Armut, nicht aus Luxus.

Ein großer Zug nahm mich mit auf eine lange Reise in ein unbekanntes Land. Er hielt immer wieder an und neue Leute stiegen zu uns. Die Abteile wurden von Station zu Station voller. Ich hatte Angst, dass alle Leute aus meinem Geburtsland flohen.

Ich war kurz eingenickt, als mich ein Gemurmel, durchbrochen von einem lauten „Passport", weckte. Männer in Uniform kamen durch den Zug und riefen: „Zoll, Zoll!"

Verschreckt öffnete ich wie meine Mitreisenden meinen Koffer. Der Mann in Uniform murmelte vor sich hin, nickte kurz und ging weiter.

„Das sind österreichische Grenzer", sagte eine Frau, die schon in Deutschland gearbeitet hatte und von ihrem Urlaub zurückkehrte, „wartet erst, wenn die Deutschen kommen, die sind ganz genau", fügte sie bedeutsam hinzu.

Ich dachte über meinen Kofferbesitz nach – was könnten diese Männer bei mit Wertvolles finden? Ich hatte nichts: einige Kleider, zwei bunte Röcke, das war mein Reichtum, den ich in 18 Jahren angehäuft hatte.

In der Nacht wurde es sehr frisch. Am Morgen konnten wir die Alpen sehen. „Passkontrolle", war immer lauter zu vernehmen.

„Das müssen wohl die genauen Deutschen sein", dachte ich und öffnete eilig meinen Koffer.

Die Männer in Uniform gingen vorbei, ohne groß Notiz

von uns zu nehmen, und lachten, als aus einer Reisetasche Kartoffeln quer durch das Abteil rollten.

„Verrückt", dachte ich, „da hat eine Frau doch tatsächlich Kartoffeln mitgenommen."

Ich hatte ein Stück Speck und einen halben Laib Brot dabei – das war bei uns eine Brotzeit beim Feldpflügen. Aus dem Fenster schauend zogen Felder und Weiden an mir vorbei – und Kühe, viele Kühe, die eingezäunt waren. Bei uns liefen sie frei herum. Der Zug fuhr schneller, er raste nur so an Ortschaften und Städten vorbei. Ich war in Deutschland angekommen – alles war sauber und aufgeräumt. Hier herrschte Ordnung!

Dann bremste der Zug schließlich und wurde langsamer und langsamer – riesige Häuser, wohin ich blickte, blitzten gläsern in der Sonne. Das musste eine unendliche Stadt sein. Weit und breit war kein Wald zu sehen. Über den Lautsprecher wurde etwas durchgesagt. Das Einzige, was ich verstand, war „München".

Der Zug blieb stehen und plötzlich begann hektisches Zusammenpacken und Drängeln in Richtung der Türen. Ehe ich mich versah, befand ich mich mittendrin in der Menschenmenge, die mich mit sich riss, aus dem Zug raus, eine breite Treppe hinunter in einen Keller.

In diesem unterirdischen großen Raum mit Hunderten Menschen summte es wie in einem Bienenhaus. Ich musste meinen Reisepass abgeben und warten. Die Bilder aus meinem Geschichtsbuch gingen mir durch den Kopf, und ich bekam panische Angst, dass man mich auch so behandeln würde. Diese Bilder und die unheimliche Geschichte, die mir meine Mutter erzählt hatte, machten mich unruhig:

Im Krieg brachten die Partisanen einst einen jungen deutschen Soldaten, dem noch nicht mal ein Bart gewachsen war, gefesselt und geschlagen zum Haus meiner Eltern. Der Jüngling bat um Wasser, meine Mutter verstand ihn, traute sich aber nicht, ihm welches zu geben. So sagte einer der Soldaten: „Bäuerin, bring dem Gefangenen Wasser!"

Sie nahm einen Emaillebecher, holte frisches Brunnenwasser und versuchte es ihm vorsichtig hinzutragen. Da flüsterte der blonde Jüngling seinen unheimlichen Gruß, ein Partisan riss den Becher an sich und schlug ihm damit mit aller Kraft ins Gesicht, sodass er überall blutete und sein Gruß noch lauter wurde. Die Soldaten nahmen ihn mit und nach kurzer Zeit hörten meine Eltern zwei Schüsse.

„Er ist bestimmt im Fluss gelandet!", sagte die Mutter traurig.

Und so befand ich mich in einem Keller, in einem ähnlichen Alter wie der Jüngling, und hatte unheimliche Angst, die ich aber für mich behielt. Wie durch ein Wunder stand plötzlich das Mädchen, das ich im Zug kennengelernt hatte, neben mir. Ich war erleichtert, neben ihr fühlte ich mich nicht mehr ganz so verloren.

Wir bekamen unsere Pässe zurück, irgendjemand brachte uns auf ein anderes Gleis in einen anderen Zug und wir fuhren, wie Schafe verladen, in eine andere Richtung. Keiner aus unserer Gruppe wusste, wohin wir fuhren. Wir hatten uns blind auf jemanden verlassen, den wir gar nicht kannten.

Eine Frau rief uns zu: „Hier in Traunstein müsst ihr raus." Sie fuhr weiter nach Salzburg.

Wir stiegen aus und wussten wieder nicht wohin. Auf meiner Fahrkarte las ich den Namen ‚Hörpolding'. Müde und völlig verschwitzt betraten wir das Bahnhofsgebäude. Eine Frau schob mich in Richtung Schalter mit den Worten: „Du kannst doch Deutsch sprechen, geh und frag, wie wir nach Hörpolding kommen."

Ich fing an, die Frage Wort für Wort in meinem Kopf aus dem Jugoslawischen ins Deutsche zu übersetzen, und brachte schließlich ein „… wann fährt der nächster Flugzeug Hörpolding?" heraus.

Der Mann am Schalter runzelte die Stirn, murmelte etwas vor sich hin, schmunzelte, riss schließlich seine Augen weit auf und sprach laut und deutlich, gab mir eine Antwort. Ich sah ihn an und hatte kein einziges Wort verstanden. Ich schämte mich, drehte mich um und ging zu den Frauen zurück. Zu meiner und unserer Rettung kam in diesem Moment ein Mann auf uns zu und erklärte uns in unserer Sprache, dass er uns in einem Bus nach Traunreut mitnehmen würde. Ohne Umwege und in dem Zustand, wie wir waren, brachte er uns in die Fabrik, in der man Handschuhe strickte. Wir waren angekommen an unserem neuen Arbeitsplatz.

Die Nix-wissen-Menschen

Der Herr brachte uns in eine Fabrik. Es roch dort wie zu Hause, wenn mein Vater die Wagenräder mit schwarzem Fett schmierte. Viele Frauen und auch ein paar wenige Männer saßen vor Maschinen, die sich in einem Wahnsinnstempo bewegten, und strickten Handschuhe – mitten im Sommer.

Ich konnte es noch gar nicht glauben, ich, gerade eben 18 Jahre alt geworden, ein Kind, vorgestern noch in einem abgeschiedenen Tal in einem Eichenfass gebadet und heute in Deutschland – das fühlte sich gut an. Die Arbeiterinnen blickten uns verstohlen von der Seite an. Ich schämte mich mit meinem bunten Rock und versuchte mich hinter den größeren Jugoslawinnen zu verstecken.

Am nächsten Tag brachte mir Frau T. das Stricken mit der Maschine bei, und meine Karriere als Damenstrickerin begann. Frau T. war sehr nett. Sie erklärte mir alles ruhig und langsam. Andere Arbeiterinnen sprachen sehr schnell, und ich konnte diese Worte nicht in meinem Büchlein finden, geschweige denn herausfinden, was sie bedeuten könnten. Ich hatte zwar vier Jahre Deutschunterricht gehabt, aber kein Bayerisch. Als Reaktion auf mein Nicht-Verstehen, bekam ich dann oft ein „Du nix wissen, du jugoslawisch" zu hören.

Obwohl ich einen Deutschkurs belegte, änderte sich an dieser Situation zunächst gar nichts. Niemand hörte mir zu, ob in der Arbeit, auf der Straße oder in Geschäften. Nur diese fünf Worte hörte ich immer wieder: „Du nix wissen, du jugoslawisch." Die Nix-wissen-Menschen, das waren wir Gastarbeiter Anfang der 1970er Jahre.

Traunreut war damals noch ein Dorf, aber ich staunte nicht schlecht, als ich zum ersten Mal eine Bäckerei betrat – diese

Ordnung, und Brote und Kuchen in allen Größen und Formen! So etwas hatte ich in Jugoslawien nie gesehen. Plötzlich musste ich an die fünf Brote in der Abstellkammer zu Hause denken – fünf immer gleiche Brote für etwa einen Monat.

Ich wohnte bei Maria, einer Witwe, die mich so freundlich wie eine Tochter aufnahm. In der Fabrik gab ich mir große Mühe und schickte 50 Deutsche Mark meines ersten Lohnes nach Hause zu meinen Eltern. Der Gedanke machte mich stolz, dass ich so meinen Vater aus der Ferne glücklich machen und für ihn sorgen konnte. Und wirklich, mit meiner und der Hilfe meiner Schwester, die nach München gegangen war, konnten meine Eltern sich den Traum von einem neuen Zuhause erfüllen.

Mein Vater verkaufte schweren Herzens seine über alles geliebten Stuten mit Fohlen, Kuh mit Kalb und all die gebrauchten Ziegel, die Haus und Scheunen hergaben, ging zum Gemeindeamt und sagte: „Ich habe alles verkauft, was ich habe, ich ziehe weg von hier. Die Steuer für dieses Jahr kann ich nicht bezahlen und das Parteibuch möchte ich abgeben. Eure Hilfe habe ich nie bekommen und werde sie auch in Zukunft nicht brauchen. Meine Töchter sind nach Deutschland gegangen und helfen mir."

„Gut!", sagte der Steuereintreiber. „Du kannst gehen, dein Land gehört jetzt uns. Du bist enteignet."

Für seine zehn Hektar Land hatte mein Vater keinen Dinar vom Staat bekommen. Meine Eltern zogen in ein 1939 erbautes Haus, 60 Kilometer entfernt von dem, in dem ich aufgewachsen war, und zum ersten Mal in ihrem Leben hatten sie Strom.

Eines Abends im Sommer ging ich mit meiner Freundin zum Tanz in das Gasthaus in meinem noch neuen deutschen Heimatdorf. Wir betraten die Gaststube, einen kurzen Moment schien es still zu werden, man hatte uns bemerkt, obwohl ich längst meinen bunten Rock gegen eines der Kleider, die man damals trug, getauscht hatte. Die Leute tanzten ausgelassen zu Musik aus der Konserve. Wir nahmen an einem Tisch Platz und waren schnell von jungen Mädchen und Jungen umringt, die uns neugierig betrachteten.

Am späteren Abend forderte mich ein junger Mann zum Tanz auf. Ich spürte eine Wärme, die mir bis dahin fremd gewesen war. Später begleitete er mich nach Hause. Vielleicht war es ja die helle Mondnacht, jedenfalls war es Liebe.

Von Maria, meiner Vermieterin, hörte ich, dass die Mutter dieses jungen Mannes mit unserer Liebe nicht einverstanden war und mit einer ‚Fremden‘ nichts zu tun haben wollte. Trotz einigen Geredes in unserem Dorf heirateten wir 1972 und feierten in diesem Gasthof, in dem wir zum ersten Mal zusammen getanzt hatten.

Die kirchliche Trauung hielt ein italienischer Aushilfspriester, der mir in seiner Landessprache Fragen stellte, die ich nicht verstand, und so antwortete ich halb Jugoslawisch, halb Deutsch. Es war eine sehr verwirrende Situation – Deutsch wäre der kleinste gemeinsame Nenner gewesen, Italienisch hingegen konnte außer dem Priester keiner verstehen, geschweige denn sprechen. Das klare und unmissverständliche Jawort haben wir aber schließlich an der richtigen Stelle gesagt.

Ich zog in das Haus meines Mannes und versuchte alles gut und richtig zu machen, was mir in den Augen meiner Schwiegermutter nicht gelang. Ständig waren ihre Kritik und Abneigung um mich. Meine Mutter war so weit weg, und ich wollte diese neue Mutter so gern für mich gewinnen, aber ihr war nichts gut genug, kein Lob kam über ihre Lippen. Allerdings hatte auch mein Schwiegervater, ein sehr gutmütiger, liebenswürdiger Mensch, keinen leichten Stand bei ihr – ein kleiner, wenn auch geringer Trost.

Im Winter 1972 kam unser erster Sohn Walter zur Welt.

Nach acht Wochen begann ich wieder zu arbeiten und ließ das Kind in der Obhut meiner Schwiegermutter. Die Jahre vergingen wie im Flug und 1977 erblickte unser zweiter Sohn Alexander das Licht der Welt. Diesmal beschloss ich, zu Hause zu bleiben, um die Zeit mit meinen Kindern genießen zu können. Ich bemerkte, wie wichtig es mir war, für sie da zu sein, und in Erinnerung an meine eigene Schulzeit wollte ich es ihnen ermöglichen, auf die Mittelschule oder das Gymnasium zu gehen.

Von Deutschland nach Amerika – mit sieben Worten

Tante Kathi mit Mann und Tochter

1894 kam die Schwester meines Vaters in dem 1881 gebauten Haus, in dem ich als Letzte geboren wurde, zur Welt. Das ganze Tal war ein Wald, so rodete der Urgroßvater die Bäume, machte das Land fruchtbar und seine Brüder siedelten sich auf den umgebenden Hügeln an. Meine Großeltern kannten eine Familie, deren Sohn schon fünf Jahre in Amerika arbeitete. Er schickte meiner Tante Kathi eine Schiffskarte und sie reiste ohne lange zu überlegen zu dem jungen Mann, den sie noch nie gesehen hatte. Dieses junge Mädchen ging genauso wie ich nur mit einem Koffer von zu Hause weg und kam nie wieder zurück.

Vor über 100 Jahren, im November 1912, ging sie in Antwerpen auf die *Vanderland* und ihre lange Reise begann. Doch sie zehrte extrem an ihren Kräften, sie wurde seekrank und kam sehr erschöpft im weit entfernten Amerika und bei ihrem Verlobten an, den sie später auch heiratete und mit ihm zwei Kinder bekam. Ihr Mann fand Arbeit auf einer Farm und lief damals noch hinter einem Pflug her, während sie für die Besitzer kochte und die Wäsche wusch. Mit 30 Jahren wurde sie Witwe und versuchte die Kinder allein großzuziehen, was sie mit viel Fleiß auch schaffte. Ich saß manche Male neben der Petroleumlampe und schrieb ihr Briefe, die mein Vater diktierte. Unser Kontakt brach nie ab, so bekam ich die Möglichkeit, sie in Amerika zu besuchen. Anfang der 1980er Jahre bereitete ich meinen Flug vor.

Mit einem neuen weinroten Koffer flog ich ahnungslos und mit sieben Worten Englisch ausgerüstet über den großen Ozean zu meiner Tante. Der lange nächtliche Flug endete in New York und ich lief mit anderen Reisenden durch die Passkontrolle. Danach suchte ich meinen Koffer, der sich kurz auf einem Laufband zeigte und schnell wieder hinter einem Vorhang verschwand. Ich musste den Flughafen wechseln und den LaGuardia Airport erreichen, aber wie sollte ich das anstellen?

„Warum schauen Sie so verloren? Kennen Sie sich nicht aus?", fragte mich die Frau eines Ehepaars.

In diesem Moment wusste ich nicht einmal meinen Namen. Ich zeigte ihr mein Flugticket und sie sagte zu mir: „Wir müssen auch zu diesem Flughafen. Wir bestellen ein Taxi und Sie fahren bei uns mit!"

Meine Rettung! Ich freute mich sehr und fuhr mit dem Ehepaar mit Schweizer Akzent durch diese riesige Stadt. In einem gelben amerikanischen Auto, um mich nur Häuser, ohne Bäume, sogar der Himmel war versteckt, und ich fürchtete mich.

Am anderen Flughafen angekommen, rannte ich von einem Schalter zum nächsten und zeigte ohne Worte mein Flugticket her. Die Leute dachten wohl, dass ich stumm sei. Am fünften Schalter jedenfalls sagte ein Mann auf Deutsch: „16 Uhr, Milwaukee. Diese Startbahn. Sie haben noch zwei Stunden Zeit.", und deutete in eine Richtung.

Nach diesen 15 Stunden Reise wusste ich nicht mehr, welche Tageszeit es war, in meinem Kopf summte es wie in dem alten Bienenhaus. Eine Maschine brachte mich zwei Stunden später nach Milwaukee. Ich stieg aus und suchte meine 90-jährige Tante, die ich zuvor noch nie gesehen hatte. Ich erblickte in der großen Ankunftshalle eine weißhaarige Dame und sah das Gesicht meines Vaters. Die blauen Augen, das leichte Lächeln, wunderschön! Ihre Freude war groß, ihre Tränen echt, als sie mich umarmte und auf die Stirn küsste. Sie wohnte im Haus ihrer Tochter und jeder Abend gehörte uns. Ich berichtete ihr wie ein Reporter und auch sie erzählte mir vieles, unter anderem von ihrer ersten Liebe namens Jerolim.

Der junge Mann kam als Bauernknecht in die Gegend und siedelte sich in der Umgebung an. Er hatte nichts, arbeitete im Stall, auf dem Feld oder ging von Hof zu Hof und veredelte Obstbäume. Jerolim war wirklich arm, aber hübsch. Meine Tante war 16 Jahre jung und die Eltern passten genau auf, dass die beiden sich nicht irgendwo trafen. Sie durfte dem Mann nicht einmal einen Blick schenken. Meine Großeltern hatten guten Grund für ihre Vorsicht: Sie waren reich und Jerolim hatte nur eine Hütte auf der Wiese neben dem Fluss. Als meine Tante abreiste, litt er jahrelang und heiratete nie. Und als mein geliebter Großvater blind wurde, wurde Jerolim zu seiner rechten Hand. Seine Brennholzberge waren höher als sein Haus, im Winter rauchte es aus dem Blechrohr Tag und Nacht. Er trug eine Hose, die nur aus zusammengenähten Lappen bestand, wurde immer leiser und hörte kurz vor seinem Tod völlig auf zu sprechen. Wenn ich heute durch ein Dorf gehe und aufsteigenden Rauch sehe, erinnere ich mich an Jerolim. Im Frühsommer brachte er mir reife wilde Erdbeeren. Als meine Mutter meinem Vater die Hose flickte, sagte sie oft: „Du schaust jetzt aus wie Jerolim."

Die Tante strahlte, als ich ihr das erzählte. Sie wollte noch mehr wissen, ihr altes Herz wurde wacher, ihre Augen glänzten und selbst nach diesen vielen Jahren hatte sie Jerolim nicht vergessen. Sie interessierte sich sogar für den jungen Maulbeerbaum, den Jerolim gepflanzt hatte. Ihn hatte ein heftiger Sturm Ende der 1960er Jahre völlig zerstört. Als ich nach Deutschland ging, lebte mein Baum nicht mehr. Es war der Baum einer traurigen Liebe, der fast 18 Jahre mein bester Freund war.

Kirchendienste

Nach meiner Amerikareise regte sich in mir der Wunsch nach einem dritten Kind. Ich wusste nicht warum – er war einfach da, und ich bat Gott um ein Kind mit blauen Augen und dunklem Haar, meinem Vater ähnlich.

Anfang 1985 bekam ich ein Mädchen mit blauen Augen und schwarzem lockigen Haar geschenkt. Ich war so überwältigt, dass mein Wunsch wirklich so konkret eingetroffen war, dass ich mich gar nicht richtig zu freuen wagte, aus Angst, da könnte noch irgendetwas Negatives lauern. Mit der Zeit gewöhnte ich mich daran und konnte meine Tochter Rebekka kaum aus den Augen lassen.

Mich führte ein sehr schmaler Weg mit den Jahren zu meiner Schwiegermutter, und als ich dachte, sie erreicht zu haben, musste sie plötzlich gehen.

Diese vielen Jahre in dem reichen Land brachten mich der Kirche näher. Noch immer waren mir die Symbole, Heiligen und Rituale fremd, aber ich versuchte am Samstagabend in die Messe zu gehen. Oft stand ich in dem großen Kirchenraum und kam mir fehl am Platz vor. Ich dachte, das läge vielleicht daran, dass ich keinen Religionsunterricht gehabt hatte und ich einfach zu wenig wusste. Meine Gedanken schweiften in solchen Momenten ab, in meine Heimat, in meine Kindheit.

Als ich so in Gedanken versunken auf der Kirchenbank saß und die letzten Klänge der Orgel verhallten, tippte mir eine junge Frau auf die Schulter mit den Worten: „Du, ich muss dich etwas fragen: Hättest du Zeit, die alte Frau Mesnerin drei Wochen zu vertreten? Sie ist krank und muss zu Hause bleiben."

Ich kannte die Frau Mesnerin vom Sehen, von der Taufe

unserer Kinder. Sie putzte die Kirche und wirkte strenggläubig. Sie drei Wochen vertreten und so viele Tage fromm und gläubig wirken – ob ich das konnte? Da hörte ich mich sagen: „Ja, gut, ich versuche es."

Am nächsten Tag holte ich die Schlüssel, und die längsten drei Wochen in meinem Leben begannen. Ich war über 40 Jahre alt, Mutter von drei Kindern und hatte mich drei Wochen in Amerika mit sieben Worten Englisch durchgeschlagen. Man sollte meinen, meine Erfahrung reiche aus, aber diese drei Wochen Messdienst waren alles andere als leicht.

„Ach, mach dir keine Sorgen, wenn du mal einen Fehler machst, den machst du nie wieder, so kannst du alles lernen", sagte der Pfarrer zu mir.

„Was weißt du schon?", dachte ich. „Über einen großen Fehler des Vaters könnte ich dir ein Buch schreiben."

Hinter den Kulissen der Kirche gab es viel Arbeit, und ich sah mich nicht würdig genug. Ich kniete in der Kirche und spürte die harten Maiskörner aus meiner Kindheit. Der Rosenkranz wurde gebetet, und ich hatte Angst, dachte an Roska. Die vielen Augen all der Gläubigen, die mich zu prüfen schienen. Ich sehnte das Ende dieser drei Wochen herbei.

„Du kannst die Schlüssel behalten. Die alte Mesnerin hört auf, du bist jetzt die neue Mesnerin."

Mit diesen Worten bedachte mich der Herr Pfarrer an dem ersehnten letzten Tag meiner dreiwöchigen Vertretung. In diesem Moment musste ich an die alte Mesnerin denken, wie sie nach der Kommunion in einer Bank neben dem Altar kniete und die Wand anzubeten schien.

„Vielleicht bleibe ich hier, aber die Wand bete ich bestimmt nicht an", dachte die Rebellin in mir. Ich nahm mir vor, es ein halbes Jahr zu versuchen.

Das erste Weihnachtsfest kam und damit viel Arbeit. Noch immer fühlte ich mich irgendwie fremd im Glauben und war nicht überzeugt, dass es für mich das Richtige war, aber ich schwieg. Bis Ostern würde ich bleiben, dann müssten sie sich eine neue Frau suchen, die mehr glaubt und richtig katholisch ist. Dieser Vorsatz ließ mich Frieden mit mir schließen, und so verging die Zeit bis Ostern 1995.

In der Woche vor Ostern, der Karwoche, war ich stundenlang in der Kirche und wartete auf die Feier der Osternacht. Um zwei Uhr morgens stand ich auf und fuhr in die Kirche.

„In der Osternacht kein Licht – so wenig wie möglich, die Leute müssen in den verdunkelten Raum gehen", erinnerte ich mich an die Anweisungen, während ich im dunklen Kirchenraum umhertappte.

Nach und nach kam die Gemeinde und sie brachten geschmückte Körbe mit Essen, das der Pfarrer am Ende der Feier segnen sollte. Ich nahm in der vierten Reihe Platz. Unter den Worten „Licht Christi" trug ein Kind die entzündete Osterkerze und das Licht weiter von Nachbar zu Nachbar. Die Kirche wurde erleuchtet und der Lektor las:

1   *Im Anfang schuf Gott Himmel und Erde;*
       ...
26   *Dann sprach Gott:*
       Lasst uns Menschen machen
       als unser Abbild, uns ähnlich.
       Sie sollen herrschen über die Fische des Meeres,
       über die Vögel des Himmels,
       über das Vieh,
       über die ganze Erde
       und über alle Kriechtiere auf dem Land.
27   *Gott schuf also den Menschen als sein Abbild;*
       als Abbild Gottes schuf er ihn.
       Als Mann und Frau schuf er sie.
28   *Gott segnete sie,*
       und Gott sprach zu ihnen:

Seid fruchtbar, und vermehrt euch,
bevölkert die Erde,
unterwerft sie euch
und herrscht über die Fische des Meeres,
über die Vögel des Himmels
und über alle Tiere, die sich auf dem Land regen.

29   *Dann sprach Gott:*
Hiermit übergebe ich euch
alle Pflanzen der ganzen Erde, die Samen tragen,
und alle Bäume mit samenhaltigen Früchten.
Euch sollen sie zur Nahrung dienen.

30   *Allen Tieren des Feldes,*
allen Vögeln des Himmels
und allem, was sich auf der Erde regt,
was Lebensatem in sich hat,
gebe ich alle grünen Pflanzen zur Nahrung.
So geschah es.

31   *Gott sah alles an, was er gemacht hatte:*
Es war sehr gut.

Wie gebannt lauschte ich den Worten aus der Bibel, und ich sah mein Tal, meinen Vater, wie er barfuß hinter dem Pflug herlief. Ich hörte die schreienden Wildgänse, die im Herbst über unser Haus flogen, roch den warmen, blühenden Akazienwald und das frische Brot, das Mutter aus dem Ofengewölbe holte.

Wir – Abbilder Gottes – der Gott, mit dem mein Vater so gehadert hatte, hatte alles geschaffen.

Die Worte in ihrer Einfachheit und Klarheit brachten mir meine Heimat zurück und plötzlich schien alles einen Sinn zu haben, und es war gut. Es war sehr gut. Tränen liefen mir über die Wangen. Da rief der Priester: „Ehre sei Gott in der Höhe" – das Zeichen für mich, alle Lichter einzuschalten.

Die Glocken läuteten das Osterfest ein. Durch die bunten Kirchenfenster schienen die ersten Sonnenstrahlen, die Vögel begannen zu singen. Alles, was Gott geschaffen hatte, wachte auf, und ich hatte nach so vielen Jahren meinen Platz, meine Heimat in dieser Kirche wiedergefunden, nach über 40 Jahren.

1996 bekamen wir einen neuen Seelsorger, der bereits Anfang siebzig war. Er hatte eine lockere Art, mit den Menschen umzugehen. Traf er auf jemanden, der etwa in seinem Alter war, so fragte er: „Was für ein Baujahr bist du? 1925, mein Semester, ein gutes Jahr!"

Zu meinem 60. Geburtstag im Jahr 2011 schrieb er mir, inzwischen 85-jährig, dieses Gedicht:

> *Unserer lieben, verehrten Mesnerin V.*
> *Sie schafft und wirkt im Haus des Herrn,*
> *das macht sie schon seit Jahren gern;*
> *es fehlt ihr nicht an rechtem Ton und Wort*
> *im profanen und am heiligen Ort.*
> *Dem Priester steht sie treu zur Seite,*
> *gibt ihnen dienendes Geleite,*
> *ob Albe, Stola, Messgewand,*
> *reicht alles dar mit sichrer Hand.*
> *Was die Gemeinde immer wieder freut,*
> *dass sie täglich keine Mühe scheut.*
> *Zu dem Lob und Dank*
> *bleibt aller Gratulanten Bitte:*
> *Bleib noch lang in St. Georgens Mitte.*
> *Gesundheit, Glück und Gottes Segen*
> *geleiten dich auf deinen Wegen.*
> > *Gewidmet von Pfr. i. R. Ulrich W.*

Im Jahr 2006 bekamen wir einen neuen Pfarrer, einen großen und kräftigen Mann, der sehr gläubig zu sein schien. Es war der Tag der Erntedankprozession, ein sehr warmer Herbsttag.

Der Pfarrer trug den sieben Kilogramm schweren Rauchmantel und die Monstranz und war nach einer halben Stunde krebsrot im Gesicht, seine Albe völlig durchgeschwitzt.

„Der Herr ist schwach, der bleibt nicht lange hier", dachte ich bei mir.

Ich habe mich getäuscht. Er ist noch bei uns und wird immer besser und kräftiger.

Die Menschen kommen in die Kirche, um sich zu bedanken oder um etwas zu bitten. Viele sagen, sie könnten zu Hause auch beten. Aber es ist einfach anders in einer Kirche, in einer Gemeinschaft. Bald ist es 20 Jahre her, dass mich mein Weg in die Kirche geführt hat. Ich gehe immer gerne zu meinem Gott singen und beten. Er lässt mich reifen, wie eine Frucht, und wenn ich reif bin – nur er allein weiß, was dann mit mir geschehen wird.

Mein größter Wunsch wäre es, noch zu erleben, wie die kyrillischen und lateinischen Christen eins werden. Alle sind Kinder Gottes und für mich schon lange Abbilder eines Gottes.

Zum Schluss …

Nach über 40 Jahren wagte ich mit meinem Mann eine Reise in meinen Geburtsort. Der Sommer erstreckte sich bis in den September. So erlebte ich einen heißen und interessanten Tag, der mich zurück in meine Kindheit versetzte. Wir fuhren langsam mit dem Auto den Weg entlang, an dem die Schule gestanden hatte. Ich blickte sofort an die Stelle, wo das Haus meiner Freundin gewesen war – direkt neben dem einsamen Friedhof. Ich entdeckte kein Haus, so fragte ich eine junge Frau, wo die Leute seien, die dort gewohnt hatten.

„Ich weiß es nicht! Wir sind seit zehn Jahren hier und haben niemanden angetroffen", erzählte mir die Frau mit bosnischem Akzent.

In meiner Kindheit lebten an der drei Kilometer langen Dorfstraße 90 Prozent Serben und nur zehn Prozent Kroaten. Nun sind nur noch Kroaten da, die übrigen Häuser sind verlassen und Dornen und Unkraut überziehen sie, verstecken sie regelrecht.

Ein heißer Spätsommerwind strich mir über das Gesicht, als ich im Hof meiner ehemaligen Schule stand. Ich erblickte die brüchige Treppe des Lehrerhauses. Damals marschierten sie stolz die Treppe hinab und trugen wichtige Bücher und ein großes Heft mit dickem Einband, in dem sie täglich unsere Anwesenheit notierten, unter dem Arm. Oben auf der Treppe stand ein Bienenkasten und die Bienen summten um meinen Kopf. Ich fürchtete mich nicht, sie waren mir vertraut.

Als ich dort so stand, erblickte ich ein zerstörtes Haus, in dem Löcher klafften, wo einst Fenster und Türen waren. Erschrocken blickte ich auf meine Schule. Sie stand verlassen in einem Hof ohne Zaun und war in einem desaströsen

Zustand. Ich versuchte, in das Haus hineinzukommen, und stand plötzlich in meinem alten Klassenzimmer, doch der alte Boden war nicht mehr da. Ich fühlte mich in eine andere Zeit versetzt und hörte Stimmen – Mira, Jozo und Vlado. Auch meine Stimme war darunter. Ich blickte ein weiteres Mal auf den sandigen Staub und sah mich in Gummistiefeln. Doch dieses Mal waren sie nicht schwarz, sondern gelb. Ich hoffte, dass einige der Staubkörnchen auch noch von mir stammten und sich hier in diesem Haus befanden, vielleicht ja sogar ein Haar. Hätte ich doch wenigstens eine alte Schulbank gefunden, doch alles war weg.

Meine Schule außen

Durch die Löcher im Haus sah ich den Lindenbaum in einem Herbstkleid und einen Moment lang hatte ich das Gefühl, der Baum hätte mich erkannt. Auf dem Sportplatz, auf dem mein Name damals nicht aufgerufen wurde, wuchsen hohes Unkraut und Bäume.

Im Konflikt zwischen Serben und Kroaten wurde die Schule ruiniert. Wie traurig – diese Schule diente beiden

Nationen, die damals selten offen miteinander sprachen und unter einem Muss zusammenlebten. Ich verstehe das bis heute nicht. Ich ging damals weg – Gott sei Dank – und machte meinen Platz frei für andere.

Meine Schule innen

Mitten im Dorf ging ich in ein Haus und traf auf zwei Männer, die in einer angrenzenden Scheune an einem Traktor arbeiteten. Der Besitz gehörte einst einer angesehenen serbischen Frau.

„Wo sind die Kinder hin, die hier einmal wohnten?“, fragte ich.

„Das wissen wir nicht. Wir beide wohnen hier und haben 200 Schafe zu versorgen. Wir sind vor zehn Jahren von Bosnien hierhergezogen.“, sagte mir einer der beiden Brüder.

Ich blickte mich weiter um und sah die Reste der Ziegelmauern des Gotteshauses, die einsam aus dem hohen Gras ragten, ebenso wie ein einsamer Altar. Das Unkraut um diesen Platz rief mir eine Erzählung meiner Mutter ins Gedächtnis.

„Hör, mein Kind, als ich klein war, erzählte mir meine

Großmutter von einem Unkraut, einer wilden Rübe, die im Herbst hellviolette Blüten trug, und nur ein weißer Rand schmückte diese trichterförmige Schönheit. Es kommt dann die Zeit, in der diese Blume ganz und gar weiß wird und nur ein dunkler Punkt in der Mitte übrig bleibt. Das ist eine Epoche, in der Menschen ohne Scham, Respekt und ohne Gott sein werden. Und das wirst du erleben!" So beendete meine Mutter die Geschichte.

Hunderte solcher Blüten schauten mich an und ich entdeckte nicht einmal diesen einen kleinen dunklen Punkt.

„Die Zeit ist gekommen!", dachte ich bei mir und schaute die Blumen der wilden Rübe noch genauer an. Ich in Gummistiefeln als Schwester des orthodoxen Jesus.

An diesem heißen Tag ging ich auch auf den Friedhof, zunächst durch den serbischen, und entdeckte dort so viele bekannte Namen in kyrillischer Schrift. Menschen, die so gerne gelebt hatten. Die Grabsteine ragten aus verbranntem Gras, und von der Sonneneinstrahlung verblasste Kunststoffblumen schmückten die dürre Erde. Ich erreichte den katholischen Friedhof, den keine sichtbare Grenze vom anderen teilte. Auch er war verlassen und von vereinsamten Feldern umrahmt. Das große Kreuz stand immer noch in der Mitte und sogar ein eiserner Jesuskörper hing daran. So wachte die Figur über die dort Liegenden.

Die zwei großen Tannen standen noch über der Stelle, an der meine Schwester begraben lag, und ich hörte das gleiche Rauschen wie damals am Tag der Beerdigung. Die Höhe der Bäume trug den Gesang in den klaren Himmel. Ich umarmte eine der beiden Tannen und spürte die Liebe, die ich in mir trug. Sie ging durch meine Arme in den Baum und erreichte alle Menschen, die schon gegangen waren – alle, die vergessen worden waren, an die niemand mehr dachte.

Mein Weg führte mich auf einer Schotterstraße zum Freund meines Vaters, dem Müller. Auch die Mühle stand nicht mehr da. Der Fluss, der einst so eifrig das Wasser auf das große Mühlenrad schickte, strömte nun ohne Aufgabe durch die zugewachsene Gegend.

Hier traf ich einen unbekannten Mann, der mir mit viel Freude erzählte, er sei ein Schäfer, der über 200 Tiere das ganze Jahr auch auf meinem verlassenen Heimatort zum Grasen bringe. Dieser Mann namens Attila führte uns durch etwas wie einen grünen Hohlweg in die Nähe des ehemaligen Grundstücks meiner Eltern.

„So, wir gehen jetzt zu Fuß, nur mit Gummistiefeln, sonst kommen wir nicht durch!", sagte er und lachte lauthals, als ich meine Stiefel hervorholte und mit einem Haselnussstab hinter ihm hermarschierte.

Nach 40 Jahren waren mir die Hügel nicht mehr bekannt, der Weingarten existierte nicht mehr und auch die Brücke, an der ich früher saß und über die „Schuldigen" nachdachte, war weg. Ein Wald, der sich verselbstständigt hatte und regelrecht wucherte, formte mein Tal und machte mir alles unbekannt. Ein gänzlich unbekannter Wald säumte unsere Felder und Wiesen – alles wirkte viel kleiner.

Durch dieses Gestrüpp hindurch suchten meine Augen den Platz, wo unser altes Haus gestanden haben musste. Doch ich fand nur den alten Holunderbaum, der damals hinter dem Getreidehaus stand. Ein völlig schwarzer und knorriger Baum blickte mich an. Aus seinen Ästen hatte mir mein Vater vor 50 Jahren eine gerade Stange geschnitten und eine Flöte geformt, die ich so gerne gespielt und aus der ich so mancherlei Melodie herausbekommen hatte.

Ich drehte meinen Kopf nach links und die Apfelbäume standen noch immer neben dem Hohlweg, der mit der Zeit seine Tiefe verloren hatte. Nur ich konnte seine tatsächliche Richtung entdecken. Auch diese Obstbäume waren ganz schwarz und dürr, ihre Äste ragten zum Himmel und die jungen Buchen und Birken stützten sie, wodurch sie nicht umfallen konnten. Mir kam vor, dass dieser Weg, den meine Schwester damals im Sommer 1957 genommen hatte, sich noch immer entlang der Felder erstreckte, und so führte er mich fast zur Unglücksstelle. Mein Körper war ihr ganz nahe, die Stelle selbst aber konnte ich nur erahnen.

Die Septembersonne verbreitete noch immer eine große Hitze und mir kam es vor, als wäre mir doch alles bekannt. Der alte Mischwald wirkte noch höher und schöner, und ich stand plötzlich auf dem Weg, wo mein Vater diese Begegnung mit der Muttergottes hatte. Ich wunderte mich sehr, als ich zurückging und alles als verändert, ganz neu und ungewohnt empfand. Die Hügel waren alle mit Wald überzogen, die Wege zugewachsen, eine chaotische Ordnung.

Am Rückweg entdeckte ich das Haus derjenigen Frau, die in jungen Jahren meinen Bruder liebte. Ich klopfte an und ihre Tochter sagte: „Dort hinten ist die Mutter, beim Stall."

Als ich auf sie zuging, erkannte sie mich nicht. Ich sagte: „Können Sie sich an Ihre erste Liebe erinnern?"

Diese 77 Jahre alte Frau rückte ihre Brille zurecht, band ihr Kopftuch noch fester und ihre Tränen verrieten sie.

„Ach, mein Kind, das ist schon so lange her, aber ich erinnere mich ganz genau."

Nicht weit von meiner Schule entfernt stand das Haus meiner Taufpatin. Ich klopfte an der Haustür, aber niemand machte sie auf. So ging ich drei Stufen hinab und öffnete die Kellertür. Die abgestandene Luft und die Dunkelheit, die mir dabei entgegenschlugen, machten mir Angst, so rief ich: „Patin Rose, wo sind Sie? Patin Rose!?"

Hinter einer weiteren Tür erblickte ich eine Gestalt auf einem Bett. Eine abgemagerte Frau saß auf dem Bettlaken, beide Beine bis zu den Knien verbunden. Sie streckte ihre Arme in meine Richtung und sagte: „Du kennst mich, denn du sagst ‚Patin' zu mir. Viele Patenkinder habe ich nicht, aber du bist Verona! Du hast mir damals eine Karte aus Amerika geschrieben."

Wir umarmten uns und weinten wie kleine Kinder. Diese Frau lebte ganz allein als Witwe. Sie hatte damals einen Serben geheiratet und ein sehr schweres Leben gehabt. Ihre Tochter hatte eine Familie und lebte sehr weit entfernt am Meer und ihr einziger Sohn fand keinen Halt nach dem kroatischen Krieg. Er lebte an einem unbekannten Ort.

„Ja, in einem geflochtenen Korb trugen wir dich zur Kirche, niemand durfte das wissen und uns sehen. Deswegen gingen wir sehr früh los, bevor der Morgen graute, und ließen dich schnell heimlich taufen. Deine Mutter, die meine Patin war, war sehr schwach, so trug ich dich fast den ganzen Weg allein", erzählte sie mir.

Beim Abschied sagte sie mir: „Ich bin schwer krank, von Wunden umhüllt, habe nur Schmerzen und die Hausfliegen sind so lästig. Aber wenn wir uns wiedertreffen, wird es mir viel besser gehen."

Die 40 Jahre, in denen ich sie nicht gesehen hatte, hatten meine Patin zu einer alten Frau gemacht. Nur ihre Augen strahlten Freude und Liebe aus, wie damals, als sie mir über den Lattenzaun ein paar Äpfel oder eine Scheibe Brot zum Geschenk reichte. Ich bin ihr bis heute unsagbar dankbar.